董事高管责任险、信息披露
与公司债信用利差

DIRECTORS' AND OFFICERS' LIABILITY INSURANCE,
INFORMATION DISCLOSURE AND BOND SPREAD

李海霞 ◎ 著

中国财经出版传媒集团

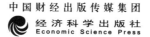

经济科学出版社
Economic Science Press

·北 京·

图书在版编目（CIP）数据

董事高管责任险、信息披露与公司债信用利差／李
海霞著 . -- 北京 : 经济科学出版社, 2025. 4. -- ISBN
978 - 7 - 5218 - 6901 - 9

Ⅰ. F279.246

中国国家版本馆 CIP 数据核字第 2025LY8775 号

责任编辑：李　建
责任校对：刘　娅
责任印制：邱　天

董事高管责任险、信息披露与公司债信用利差

DONGSHI GAOGUAN ZERENXIAN, XINXI PILU YU GONGSIZHAI XINYONG LICHA

李海霞　著

经济科学出版社出版、发行　新华书店经销
社址：北京市海淀区阜成路甲 28 号　邮编：100142
总编部电话：010 - 88191217　发行部电话：010 - 88191522
网址：www. esp. com. cn
电子邮箱：esp@ esp. com. cn
天猫网店：经济科学出版社旗舰店
网址：http://jjkxcbs. tmall. com
固安华明印业有限公司印装
710 × 1000　16 开　11.75 印张　210000 字
2025 年 4 月第 1 版　2025 年 4 月第 1 次印刷
ISBN 978 - 7 - 5218 - 6901 - 9　定价：68.00 元
（图书出现印装问题，本社负责调换。电话：010 - 88191545）
（版权所有　侵权必究　打击盗版　举报热线：010 - 88191661
QQ：2242791300　营销中心电话：010 - 88191537
电子邮箱：dbts@ esp. com. cn）

前　　言

　　历经 40 余载的砥砺探索与深度改革，我国债券市场经历了从无到有、从小到大的发展历程，目前已发展成为全球第二大债券市场。如今，我国债券市场形成了一套以银行间市场、交易所市场以及商业银行柜台市场为核心支柱的多层次、立体化交易体系，构建了覆盖公司债、企业债、中期票据、短期融资券及资产支持证券的多元化产品结构。我国债券市场的蓬勃发展不仅显著拓宽了企业的直接融资渠道，缓解了企业融资难题，降低了综合融资成本，还通过高效的市场化定价机制，精准引导资源流向最具效率与潜力的领域，极大地提升了资源配置效率，为实体经济的高质量发展源源不断地注入强大动力，成为推动我国经济持续健康发展的关键金融引擎。

　　然而，受我国经济下行压力持续影响，企业所处的国内外经济环境日趋严峻。在此背景下，债券融资成本不断攀升，尤其是近十余年，公司债违约风险呈逐年递增态势。相较于国债，公司债券的利率中，更多地包含了对投资者所承担的风险溢价部分，随着市场环境不确定性的增加，其信用风险溢价补偿水平更高。在当前经济环境下，企业为确保自身运营拥有持续且稳定的现金流，不得不以更高的成本吸引外部资金流入，导致公司债信用利差不断上升。随着信用利差的逐步扩大，公司债违约风险也随之进一步加剧，形成了一种恶性循环。信用利差作为债券投资者投资风险和回报的补偿，是衡

I

量公司融资成本的重要指标，而公司治理的有效性会对投资者的风险补偿要求产生影响。因此，探寻有效降低公司债发行价格的公司治理机制，减小公司债信用利差，不仅是降低公司经营成本的关键举措，更是从源头上防范公司债违约风险、保障企业稳健发展的有力手段。

投资者在购买公司债券时，不仅考虑债券的期限、信用评级、流动性等特征因素，还会关注与发行人公司治理相关的诸多因素，例如股东治理结构、管理层是否存在腐败以及外部监督机制的有效性等方面。若投资者认为某种治理因素可以缓和企业内部不同利益相关者之间的利益冲突，减少信息不对称和代理成本，这将有助于降低债权人对公司债券的信用利差要求；相反地，而当投资者感知到企业不能有效约束管理层不当和短视行为，企业内部人可能会利用自身信息优势，通过虚假披露等方式侵害债权人的利益，便会以提高利率或是加入限制性条款等方式来维护自身利益，从而增加企业的债务成本。大量研究发现，引入董事高管责任险（以下简称"董责险"）后，不仅可以缓解董事、监事、高级管理人员（以下简称"董监高"）进行日常决策时因非故意过失所引起的诉讼风险，激励其履职的积极性，还可以为企业引入保险公司这一外部监督机制，有效激励和监督管理层科学决策。因此，董责险的引入以及债券投资者对董责险的态度，对企业融资成本具有重要作用。

董责险，全称为"董事、监事及高级管理人员责任保险"，是一种专为公司的董事、监事和高级管理人员设计的保险产品。董责险起源于美国，至今已拥有近百年的历史。根据美国保险业巨头怡安集团《年度董事责任险市场报告（2023）》显示，截至2022年底，美国上市公司董责险投保率连续15年超95%，位居全球之首；在港股市场上，董责险的投保率也达到了80%以上。① 尽管该保险制度在多数发达国家已有丰富的实践和立法经验，但我国 A

---

① 资料来源：Directors & Officers Insurance Market Insights H1 2023 | Aon Insights ［EB/OL］. https：//aoninsights. com. au/directors – officers – insurance – market – insights – h1 – 2023/.

股市场公司的投保意识仍相对薄弱，自 2002 年我国首次引入董责险至今已有 20 余年，国内的投保率仅有 10% 左右。① 国内上市公司对董责险的认知和投保程度，反映了我国实业界和理论界对于董责险这一"舶来品"能否发挥积极的治理作用，以及如何有效发挥其作用等问题尚处于迷茫和探索阶段。目前，对于董责险的治理效应存在两种主流观点：其一，激励监督假说认为，董事高管责任险可以督促高管勤勉尽职，提高公司治理水平与信息披露质量，降低信息不对称。其二，机会主义假说则认为，董责险的引入会产生较强的"兜底"效应，使得董监高能够将在经营过程中面临的诉讼和罚款的风险转移至保险机构，恶化公司的代理问题，加剧与投资者之间的信息不对称程度。

尽管学界围绕董责险已开展了较为全面且深入的研究工作，但不可忽视的是，在这一研究领域仍存在一些亟待完善的地方。首先，就企业利益相关者而言，他们对董责险的效用认知存在显著分歧。一部分研究倾向于认为，董责险给予企业管理者的风险保障，可能导致其在决策与管理过程中更为大胆随性，甚至出现行为失当，最终致使公司治理效率受损；而另一部分研究则坚信，董责险所附带的监督约束机制，能够有效规范管理者的履职行为，促使其以更加严谨、负责的态度开展工作，进而提升公司整体的治理水平。然而，目前相关研究文献在这一关键问题上，尚未形成统一且明确的结论。其次，债券融资作为企业直接融资的核心渠道之一，债券投资者对董责险的态度，无疑会对企业的融资成本产生重大影响。那么，债券投资者究竟是如何看待董责险在公司治理效率方面所发挥的作用呢？以往的研究文献，大部分都是从股东和银行的视角出发，很少有文献聚焦于债券投资者对董责险的态度。更为重要的是，债券市场的一个显著特征是机构投资者占据主导地位。与股票市场中占比居多的散户投资者相比，机构投资者在收集和处理董责险这类公司治理信息方面，具备更为强大的能力；同时，相较于主要关注财务

---

① 资料来源：根据 Wind 数据库相关资料整理而得，具体数据见本书表 3.1 中我国上市公司购买董责险的年度分布情况。

报表与抵押物的商业银行，债券市场投资者对董责险等非财务报告信息的关注度更高。由此可见，债券投资者对董责险究竟持何种态度，他们究竟认为董责险是提升了公司治理水平，还是起到了相反的作用？以上这些问题亟待我们深入探究。

出于对上述问题的考虑，本书使用 2002~2022 年我国沪深 A 股上市公司债券发行数据，基于董责险治理这一新的公司治理机制视角考察了董责险对公司债信用利差的影响，以检验债券投资者对董责险的理解与态度，并进一步探索了董责险治理究竟在我国发挥了何种治理作用。研究发现有如下几个方面。

（1）企业购买董责险后，公司债信用利差显著下降。该结论表明，董责险通过引入第三方保险机构对企业高管层进行监督，降低了企业违约风险概率，有效保护了债权人的利益。同时，董责险的这种"监督激励"效应能够被投资者有效识别，降低了投资者面临的信息不对称性和风险不确定性，使投资者要求或接受一个较低的风险补偿，表现为公司债信用利差更低。进一步，该基准回归结论通过了安慰剂检验、工具变量法和倾向得分匹配法（PSM）等多项稳健性测试。

（2）董责险对中长期债券的信用利差具有显著的降低作用。具体来说，董责险对公司债信用利差的降低作用在中长期债券上表现得更为明显，而对短期公司债信用利差的影响不显著。可能的原因是，公司短期债券信用利差更多地受到市场利率、信用风险、信用评级、市场流动性等因素的影响；长期信用利差，除了受上述因素作用之外，还反映了投资者对于长期信用风险的预期。董责险主要承保董事与高管人员因过失或不当行为所引发的损失，鉴于这些行为从发生到暴露往往需要较长时间，对长期信用风险影响较大，故而董责险与中长期信用利差、长期信用利差之间的关联更为显著，而无法影响短期公司债券的信用利差。

（3）相较国有和接受国际四大会计师事务所审计的企业，非国有和未接受四大审计的企业购买董责险后，公司债信用利差的降低效果更为明显。与之类似，董责险的强治理作用在未进行债权人保护措施与社会责任制度改善措施披露的企业中也更为显著。总的来说，在非国企、接受非国际四大会计师事务所审计、未实施债权人保护措施和未进行社会责任制度改善措施披露的企业中，董责险治理对降低信用利差作用更为显著。该结果表明，在我国董责险更多地起到"雪中送炭"，而非"锦上添花"的作用。

（4）董责险通过提高企业信息披露质量降低了公司债信用利差。具体而言，董责险通过引入第三方保险机构对企业高管层进行监督，发挥了"激励监督"效应；并在投保前、中、后期通过把控企业风险，增强了企业的内部治理，提高了信息披露质量。信息披露质量的提高能够有效降低企业违约风险概率，保护债权人权益，此时，投资者要求的风险溢价更低，从而公司债信用利差也更低。

（5）公司债信用利差的减小能够显著降低企业财务风险，促进企业进行创新，同时相应地提高企业价值。研究发现，首先，信用利差下降后，企业的融资成本降低，从而减少了企业因债务成本过高而可能引发的财务风险。其次，信用利差的下降会缓解企业的资金压力，使企业有更多的资金可以用于研发和创新活动，推动企业加大研发投入和创新活动。最后，信用利差越小，企业的偿债能力和违约风险越小，这将大大提高投资者对企业的信心和投资意愿，吸引更多认可企业价值的投资者和合作伙伴，从而推动企业价值的增加。

相较于现有研究，本书可能的边际贡献主要体现在以下三个方面。

首先，丰富了董责险治理与公司债信用利差的相关研究。本书以公司债信用利差作为新的视角，深入探讨了董责险治理对公司债信用利差的影响及相应的经济后果，进一步补充了董责险治理经济后果领域的文献。现有文献主要聚焦于企业信用评级、创新能力、企业业绩、投资效率、融资成本、公司治理、违规行为以及公司绩效等方面，评估了董责险治理对其影响及经济后果，鲜有文献基于我国资本市场情境考察董责险治理对公司债信用利差的影响。另外，现有研究发现，董责险具有促进"激励监督"和诱发"机会主义"正反两方面的作用,而本书的研究则支持了董责险治理的"激励监督假说",即董责险通过发挥积极的监督激励效应,降低了公司债信用利差,缓解了企业融资困境。因此,本书研究结论不仅弥补了董责险治理在降低公司融资成本方面研究的不足,丰富了公司债信用利差影响因素领域的相关研究,也为董责险治理积极经济后果方面的研究提供了一定的补充。

其次,本书构建了"董责险—信息披露质量—信用利差"的中介传导路径,深化了对保险工具与资本市场定价联动机制的理解,为优化董责险治理效能提供了理论框架。本书实证检验了董责险对降低公司债信用利差的作用机制,使得对二者关系的理解更加全面、深刻。通过机制检验发现,董责险的引入发挥了"激励监督"效应,提高了企业内部治理效率和公司信息披露质量。随着企业信息披露质量的提升,管理层机会主义行为越少,履职积极性越高,决策也愈加科学。良好的公司治理机制、较高的信息披露质量以及科学化的决策,使得投资者更加认可公司经营前景和稳定性,对公司融资时要求补偿的溢价水平也相应下降,具体地表现为公司债信用利差显著下降。本书从董责险强化企业治理效应的角度为提高信息披露质量、降低公司债信用利差提供了实证依据。

最后,本书的研究为合理定位董责险在经济社会发展中的作用提供微观层面的经验证据,也为优化董责险公司治理功能、促进董责险更好地发展提供有益补充。本书从投资者视角出发,从股东、公司以及监管等多个主要利益相关者角度提出了一系列具体措施,旨在研究如何通过董责险治理提高信息披露质量,从而改善董责险治理对公司债信用利差的影响。针对我国公司债违约风险高企的突出问题,本书的研究结论为监管机构构建系统性风险管理框架提供了依据:一方面,可通过强化董责险的风险缓释功能,从源头抑制管理层短视行为,降低企业经营决策偏差导致的违约概率;另一方面,完善董责险与债券市场信用风险定价的协同机制,引导投资者理性评估企业治理水平,缓解市场恐慌情绪传导。这一双重路径为防范债券违约风险外溢、维护金融市场稳定指明了改革方向,同时也为上市公司完善治理结构、提升债券融资效率提供了可操作性方案。

在本书的写作过程中，作者的研究生于雯、伏俊全、荆小冉、李玉婷和郝禹钧等为本书相关章节资料收集和引用文献校对等做了大量工作，特别是于雯同学，为本书提供了丰富的研究数据和案例素材。在此，作者对为本书的撰写作出贡献的所有学生表示诚挚的谢意。

由于作者知识积累和学术水平有限，书中难免会出现不足和疏漏之处，敬请同行和读者批评指正。

李海霞

2025 年 2 月

目　录
CONTENTS

第1章　　　**导论** / 1

1.1　研究背景与研究意义 / 2

1.2　研究目标与研究内容 / 9

1.3　研究思路与研究方法 / 14

1.4　研究创新与不足 / 17

第2章　　　**文献综述** / 21

2.1　公司债信用利差影响因素的相关研究 / 22

2.2　董事高管责任险的相关研究 / 29

2.3　董事高管责任险与企业融资成本的相关研究 / 34

2.4　企业信息披露质量的相关研究 / 37

2.5　文献评述 / 49

第3章　　　**概念界定与理论基础** / 53

3.1　概念界定 / 54

3.2　理论基础 / 73

3.3 本章小结 / 80

第4章 **董事高管责任险对公司债信用利差影响的实证分析** / 81

4.1 理论分析与研究假设 / 83

4.2 研究设计 / 86

4.3 实证结果 / 95

4.4 本章小结 / 99

第5章 **董事高管责任险对公司债信用利差影响的**
进一步分析 / 101

5.1 董事高管责任险与公司债信用利差关系的
稳健性检验 / 102

5.2 不同视角下董事高管责任险对公司债信用
利差影响的差异性检验 / 110

5.3 本章小结 / 117

第6章 **信息披露质量对董责险与公司债信用利差关系的**
中介效应分析 / 119

6.1 理论分析与研究假设 / 120

6.2 研究设计 / 123

6.3 实证结果 / 128

6.4 本章小结 / 130

第7章 **公司债信用利差对企业经营后果的影响** / 131

7.1 理论分析与研究假设 / 132

7.2　模型设定与实证结果 / 133

7.3　公司债信用利差对公司经营成果的影响分析 / 136

7.4　本章小结 / 138

第8章　**研究结论与政策建议** / 139

8.1　研究结论 / 140

8.2　政策建议 / 142

8.3　研究展望 / 149

参考文献 / 151

第1章　导　　论

1.1 研究背景与研究意义

1.1.1 研究背景

自 1981 年财政部恢复国债发行以来，我国债券市场经历了从无到有、从小到大的发展历程。目前，我国债券市场已逐渐形成包括银行间市场、交易所市场和商业银行柜台市场在内的多层次的市场体系，以及包括公司债、企业债、中期票据、短期融资券、资产支持债券等多样化的产品体系。据 Wind 资讯的数据统计，截至 2024 年 12 月 31 日，我国内地债券市场总存量达 176.01 万亿元，较年初增加 20.32 万亿元。其中利率债 107.70 万亿元，信用债 48.88 万亿元和同业存单 19.44 万亿元。仅 2024 年全年，各类债券发行合计 79.75 万亿元，同比增长 12%。发行债券不仅能拓宽企业的融资渠道、缓解融资约束，还能降低融资成本、优化资本结构。同时，投资者通过债券市场将资金投向具有较高回报和良好前景的企业，有效引导了资金的合理流动。

经过 40 多年的探索与实践，我国债券市场已成为全球第二大债券市场，规模和影响力不断提升。我国债券市场的蓬勃发展不仅为我国企业提供了稳定的长期资金支持，并在支持经济发展、优化资源配置、促进金融改革等方面发挥了重要作用。随着市场开放和国际化进程的推进，我国债券市场在全球金融体系中的地位将更加重要。然而，由于我国经济下行压力持续存在，企业面临的国内外经济环境日益严峻，债券融资成本不断上升，特别是最近十余年，公司债违约风险也在逐年增加。公司债券相比于国债，其利率水平更多地包含了对投资者所承担的风险溢价部分，随着市场环境不确定性的增加，其信用风险溢价补偿水平更高。2014 年"11 超日债"的实质性违约，标志着我国债券市场"零违约"从此成为历史，债券违约事件逐步进入常态化。据统计，从 2014 年第一起债券违约事件至 2022 年末，债券市场共有 1548 只信用债发生违约，违约规模高达 8371.82 亿元，由此产生的信任危机给债券市场发展带来了巨大冲击①。经济不确定性的增加、企业违约现象的频发，不仅提高了企业融资成本，还会进一步加剧企业融资困境，使其面临更高昂的借款成本，影响企业正常的生产经营，甚至威胁企业的健康发展，乃至整个社会的稳定。因此研究如何降低债券融资成本特别是公司债信用利差显得愈发重要。

信用利差作为债券投资者权衡投资风险和回报的变量，是衡量公司融资成本的重要指标，不仅受到宏观因素的影响，还受到诸多微观因素的作用。一方面，公司债信用利差与宏观经济因素显著相关，如经济周期、货币政策、通货膨胀和市场整体信用状况等（Cavallo and Valenzuela，2007；Tang and Yan，2010；晏艳阳和刘鹏飞，2014；Dbouk and Kryzanowski，2010；吴涛等，2021；徐思等，2022；杨国超和蒋安璇，2022）；另一方面，债券投资者在购买公司债券时，不仅会考虑债券的期限、信用评级、流动性等特征因素，还会关注与发行人公司治理相关的诸多因素，例如股东治理结构、管理层是否存在腐败行为以及外部监督机制的有效性等方面（Fons，1994；Duffie and Lando，2001；Delianedis and Geske，2001；Driessen，2005；Yu，2005；Edwards et al.，2007；Chen et al.，2009；何志刚和邵莹，2012；方红星等，2013；Weng et al.，2017；赖黎等，2019；胡国柳和常启国，2022）。若投资者认为某种治理因素可以缓和企业内部不同利益相关者之间的利益冲突，减少信息不对称和最终的代理成本，这将有助于与包括债权人在内的外部利益相关者建立长期信任，则会降低对具有这类特征的企业的债券信用利差要求（类承曜和徐泽林，2020）；相反地，当投资者感知到企业不能有效约束管理

---

① 资料来源：作者根据《经济观察报》与中国外汇网数据自行整理。

层不当和短视行为，管理层自利信号不断释放，使得债权人等外部利益相关者无法认同企业的经营理念，投资者信心下降，风险溢价要求上升，进而要求一个更高的债券信用利差（阮青松等，2022）。

能否降低公司债券融资成本、保护债权人的合法权益，在很大程度上取决于管理层能否科学进行决策（张十根，2022）。然而，由于外部环境具有不确定性，公司决策机制不够完善，以及管理层缺乏足够的经验和能力，导致经营过程中可能会出现非主观故意的决策失误。如果这些失误难以及时得到纠正，可能会导致公司经营情况恶化，加剧债券违约风险，损害投资者的利益，甚至可能引发投资者的诉讼和民事索赔风险。若这种诉讼和索赔的风险超出了管理层的承受范围，不仅可能导致管理层在决策中畏首畏尾、消极怠工，而且出于保护自身信誉与利益的考量，管理层在公司经营决策中还可能倾向于对外披露对自身有利的信息，这会进一步加剧管理层与债券投资者之间的信息不对称问题，使投资者无法对企业经营状况进行准确的判断，从而做出不合理的投资决定，继而损害了债券投资者自身的权益。针对上述消极后果，一些公司会通过购买董事高管责任险来规避投资者的诉讼和民事索赔，以降低信用利差。因此，债券投资者对董责险的态度对企业融资成本具有重要作用。

董责险起源于20世纪30年代的美国，其目的旨在缓解董监高进行日常决策时因非故意过失所引起的诉讼风险，激励其履职的积极性（Priest，1987；宋一欣和孙宏涛，2016）。尽管董事责任保险制度在诸多国家的发展历程并非一帆风顺，但是如今其在海外市场已经相当成熟。距2002年我国首次引入董责险至今已有20余年[①]，然而，董责险在我国真正进入快速发展阶段是在2020年瑞幸咖啡承认虚假交易和2021年康美药业造假案的天价赔偿判决事件之后。其中，康美药业因财务造假被判承担投资者损失24.59亿元，

[①] 自2002年1月7日中国证监会和国家经贸委发布《上市公司治理准则》、2002年1月15日最高人民法院发出《关于受理证券市场因虚假陈述引发的民事侵权纠纷案件有关问题的通知》之后，国内几大保险公司相继推出了董责险。

13 位高管及 5 位独立董事都要承担过亿元的连带赔偿责任①。在高额赔偿的威慑下，上市公司和管理层对董责险的投保热情逐渐升温。仅 2020～2021 年两年间，购买董责险的上市公司数量分别增加到 119 家和 248 家，环比增长 245% 和 108%②。董责险不仅能够在一定程度上免除董事、监事和高管任职的后顾之忧，防范和化解诉讼赔偿风险，保险公司的代偿责任也可以充分保障投资者权益，为股东诉讼案件日渐增多的 A 股市场起到"雪中送炭"的作用。特别地，2024 年 7 月 1 日起，新修订的《中华人民共和国公司法》（以下简称《公司法》）首次以立法形式确立了董责险制度。在相关司法实践和新《公司法》的共同推动下，董责险逐渐从"无人问津"走到了"万众瞩目"。

尽管董责险在海外市场已相当成熟，但目前我国 A 股市场公司的投保意识仍相对薄弱，平均投保率仅 10%③。这不仅说明国内上市公司对董责险的认识和接受程度有待提高，也反映了我国实业界和理论界对于董责险这一"舶来品"能否发挥积极的治理作用，以及如何有效发挥其作用等问题尚处于迷茫和探索阶段。机会主义假说认为，董责险的引入会产生较强的"兜底"效应，使得董监高能够将在经营过程中面临的诉讼和罚款的风险转移至保险机构，特别是董责险的承保期一般为一年，这将进一步加剧管理层短视的机会主义倾向，恶化公司的代理问题，降低公司内部治理水平（郝照辉和胡国柳，2014；Weng et al.，2017；冯来强等，2017；赖黎等，2019），进一步诱发高管机会主义和道德风险。外部监督假说则认为，引入董责险治理不仅可以将管理层在履职期间因非主观故意的决策失误或非主观故意的行为不当而可能遭受的民事赔偿损失转嫁给保险公司，而且董责险对管理层个人利益的保护有助于提高高管的风险承受能力，激励高管积极履职和减弱高管短

---

① 资料来源：全国首例证券虚假陈述责任纠纷集体诉讼案一审宣判［EB/OL］. (2021 - 11 - 12). https：//www. gzcourt. gov. cn/xwzx/about/2021/11/12160421701. html.

② 根据《中国上市公司董责险市场报告（2023）》整理而得。

③ 具体数据见本书表 3.1 中我国上市公司购买董责险的年度分布情况。

视动机，做出有利于公司发展的决策，从而缓解管理层与股东之间的代理冲突。更重要的是，保险公司可以发挥外部监督作用，严格约束董监高的机会主义行为，督促被保险公司整改运营风险、缓解委托代理问题、提升公司治理水平（Mayers and Smith，1982；Core，1997；Baker and Griffith，2007；胡国柳和胡珺，2014；Yuan et al.，2016；胡国柳等，2019；胡国柳和常启国，2022；肖小虹和潘也，2022）。

虽然相关研究已经围绕董责险开展了比较丰富的研究，但是仍存在以下不足。第一，企业的利益相关方如何看待董责险的作用，是相信董责险的保护使企业管理者更加"率性而为"、降低了公司治理效率，还是认为董责险的监督使管理者更加规范谨慎地履职、提升了公司治理水平？相关文献针对这一问题仍未取得比较一致的结论。第二，债券融资作为企业重要的直接融资渠道之一，债券投资者对董责险的态度对企业融资成本具有重要的作用，债券投资者是如何看待董责险对公司治理效率的影响呢？然而，以往文献主要基于股东和银行的视角，罕有文献研究债券投资者对董责险的看法。更重要的是，债券市场中机构投资者占主导地位，与在股票市场中数量占优的散户投资者相比，他们对董责险等公司治理信息的收集处理能力更强；同时，相较于主要关注财务报表和抵押物的商业银行，债券市场投资者也更加关注董责险等非财报信息。因此，债券投资者对董责险的态度如何，是认为董责险提升还是降低了公司治理水平？这个问题值得进一步研究。

综上所述，我国实业界和理论界对于董责险这一"舶来品"能否发挥积极的治理作用，以及如何有效发挥其作用等问题尚处于迷茫和探索阶段。这表明董责险的实际实施效果受到多种因素的影响，包括公司治理结构、法律环境、投资者认知等。通过本书的进一步研究和实践探索，有助于更好地定位和发挥董责险在债券市场风险管理中的作用，为企业的可持续发展和资本市场的稳定运行提供有力支持。进一步，在当前经济环境下，企业债券融资在整体融资结构中所占比重呈持续攀升态势。然而，与之相伴的是债券市场风险事件频繁爆发，违约规模亦不断扩大。在此复杂且充满挑战的背景下，深入探究如何借助董责险治理机制的引入，切实提升公司治理水平，进而有效降低公司债券信用利差，保护债权人合法权益，不仅是企业治理中一个亟待解决的问题，也是保障债券市场的健康发展、提高债券市场服务实体经济的效率、深化多层次资本市场改革过程中的关键任务。

1.1.2 研究意义

1. 理论意义

在国家积极推进债务融资并加强发行主体信息披露的情况下，本书研究了董责险治理与公司债券信用利差之间的关系，并进一步检验公司信息披露在二者关系之间发挥的作用途径。对上述问题的探讨有利于更好地理解董责险的治理效应及其与债券信用利差的关系，同时对我国董责险的定位、债券市场高违约现象的防范和推进资本市场发展都具有积极的理论和现实意义。

（1）本书扩展了董责险的研究视角，对公司债信用利差影响因素的研究进行了扩展、补充。大量研究发现，引入董责险治理不仅可以将管理层在履职期间因非主观故意的决策失误或非主观故意的行为不当而可能遭受的民事赔偿损失转嫁给保险公司，而且可以为企业引入保险公司这一外部监督机制，提升公司治理水平，从而有效激励和监督管理层科学决策并产生积极的经济后果。与上述观点截然相反，还有研究表明，由于保险公司可能成为"最终赔款人"，引入董责险治理不仅会对管理层形成过度激励和保护，而且会降低公司治理水平，从而导致管理层的决策更加激进和自利并产生消极的经济后果。综上所述，现有关于董责险治理经济后果的研究结论并不统一。进一步，国内外学者对于董责险的研究多从其对公司内部治理结果来进行，鲜少关注董责险对于外部资本市场，特别是对债券市场定价问题的影响。本书在以往研究基础上，从董责险这种新型公司治理角度出发，研究其对公司债信用利差的影响，拓展了该领域的实证研究。

（2）本书丰富了董责险对公司债信用利差影响路径与机制的相关研究。本书以信息披露质量作为中介变量，探讨了其对董责险与公司债信用利差二者关系的影响。这有助于确立一个通畅的信息传递渠道，即从信息提供者到信息接收者，旨在消除融资主体与投资主体之间的信息壁垒，从而减轻二者之间的信息不对称问题。这一做法不仅有利于上市公司构建公平和可持续的融资环境，同时也为投资者提供了透明公开的投资工具和渠道，最大限度地保护了投融资双方的资本权益。因此，本书无论是对补充公司债信用利差影响机制的理解，还是探讨董事责任保险在公司治理中的内涵，都具有一定的理论意义。

2. 现实意义

（1）本书为我国董责险的发展提供了有力的实证支持。我国引入董责险的时期较晚，相比大多西方国家，董责险的治理效应相关方面研究还在不断完善中。目前，上市公司因债券违约而被诉讼的数量逐渐增多，理赔金额巨大，考虑董责险是否会影响公司债信用利差，有利于上市公司根据其自身实际情况考虑是否购买董责险来降低公司的违约风险；有利于深入理解董责险在公司治理中的作用，为公司合理利用董责险这种新型外部治理机制提供依据；有利于我国监管部门和法律部门制定相应的董责险政策、完善相关的法律法规。

（2）本书还为债券市场平稳运行提供了积极有益的参考，同时为合理维护投资者利益提出了更有针对性的措施。对债券市场中的发行人来说，债券信用利差的下降能够降低其在债券市场上的融资成本，合理规避引发债券违约的风险，督促其进行高效准确的信息披露、建立完善有效的内部控制制度和决策机制，进而增强债券市场上资金盈余者的投资信心，促进公司债合理定价，推动债券市场的高质量发展。

（3）为政府部门更好地改善董责险治理在企业中的应用效果提供一定的

启示。本书的研究发现，相比国有和接受四大审计的企业，非国有和非四大审计的企业中，董责险的治理效应更为显著，投资者要求的溢价更低，表现为公司债融资成本更低。同时，在未实施债权人保护措施与社会责任制度改善措施披露的企业中，董责险的激励监督作用发挥的效应也更为显著。这些研究结果进一步表明，对我国公司内部治理机制不健全的公司，董责险的监督激励作用更大，也就是说董责险在我国发挥更多的是"雪中送炭"，而非"锦上添花"的作用。因此，立法部门应当努力完善法律体系和诉讼索赔机制，监管部门应当加强对上市公司的外部监管，以期为董责险治理的激励和监督功能的发挥提供良好的外部环境。

1.2 研究目标与研究内容

1.2.1 研究目标

债务融资作为企业外部融资的一种重要方式，对企业的生存发展有着重大的影响。目前，由于我国经济下行压力持续存在，企业面临的国内外经济环境日益严峻，债券融资成本不断上升。公司债券相比于国债，其利率水平更多地包含了对投资者所承担的风险溢价补偿部分，随着市场环境不确定性的增加，其融资成本更高。因此研究如何有效降低公司融资成本变得愈发重要。从企业层面来看，有效降低公司债信用利差需要解决一大关键问题：如何有效降低管理层的履职风险、激励管理层科学决策。而如何对管理层进行有效激励，以期降低管理层的履职风险，保证管理层决策的科学性和公正性恰恰是企业设置或完善公司治理机制的主要目的。近年来，我国越来越多的上市公司引入了董责险治理这一兼具激励和监督功能的公司治理机制，董责险治理在我国上市公司中的应用效果引起了越来越多学者的关注。然而，鲜有文献考察董责险治理对公司债信用利差的影响及其作用路径，亦鲜有文献基于通过防范董责险治理所诱发的管理层机会主义行为视角，提出董责险治理缓解企业融资困境、降低企业融资成本的应对策略。因此，将董责险治理这一公司治理机制以及公司债信用利差纳入同一研究框架，对于丰富董责险治理经济后果以及公司融资成本影响因素领域的文献、提升董责险治理在企业中的应用效果具有重要的理论和现实意义。基于此，本书的研究目标主要有以下四点。

1. 考察董责险治理对公司债信用利差的影响

董责险起源于美国，目的在于缓解董监高进行日常决策时因非故意过失所引起的诉讼风险，激励其履职的积极性。债券融资是企业重要的直接融资渠道之一，债券投资者对董责险的态度对企业融资成本具有重要的作用。更重要的是，债券市场中机构投资者占主导地位，与在股票市场中数量占优的散户投资者相比，他们对董责险等公司治理信息的收集处理能力更强；同时，相较于主要关注财务报表和抵押物的商业银行，债券市场投资者也更加关注董责险等非财报信息。因此，作为一项兼具激励监督和抵御风险功能的公司外部治理机制，债券投资者对董责险的态度如何？是认为董责险治理有效降低管理层的履职风险、促使管理层积极履职，并被投资者所认可，从而降低公司债券信用利差？还是认为董责险通过"兜底效应"刺激了管理层的机会主义行为，降低了公司治理水平，从而提高了投资者要求的风险溢价水平？这是本书的第一个研究目标。

2. 从信息披露质量视角，揭示董责险治理影响公司债信用利差的作用机制

上市公司在融资及商业投资活动中，负有不可推卸的信息披露职责。具体而言，公司需向所有投资者及其专业顾问提供合理所需的信息，这些信息有助于投资者对资产与债务、财务状况、利益与损失、发行者发展前景以及有价证券相关权利等关键要素进行全面而准确的评估。由此可知，企业披露的信息向债权人及众多投资者传递着公司的信用，这对企业进行债券融资的成本起着决定性作用。高质量的信息披露能够提高公司在投资者心中的信用，同时帮助债权人对公司企业绩效和发展前景进行较为合理的评估，从而降低企业债的信用利差。相反，虚假性等低质量的信息披露，会误导投资者进行不利于企业形象的负面评价，以及对公司信用产生怀疑，进一步增加公司债券的信用利差。在如今虚拟经济背景之下，公司运营的真实状况已经很难为外界尤其是债权人所知悉，亟须信息公开为其保驾护航，高质量的信息披露仍被市场内各主体广泛关注，认定其为降低乃至消除资本市场内弊病和信息流动不充分的有效补救方法。作为一种新型的外部治理机制，董责险的引入会促使公司更加重视信息披露的质量。保险公司作为外部监督者，会对公司的治理结构和信息披露进行审查，这有助于提高公司的治理水平和风险管理能力，进一步促进信息披露质量的提升。基于此，我们认为，公司提供真实有效高质量的企业财务及债券相关信息，为债券投资者了解公司信用、维护自身利益起着不可或缺的重要作用，也就是说董责险治理将会通过提升公司信息披露质量影响公司债信用利差。这是本书的第二个研究目标。

3. 对董责险与公司债信用利差关系的异质性进行检验

在我国，不同类型企业面临的监管强度存在显著差别。对于监管较弱的企业，管理层机会主义行为更为强烈，企业的违约风险概率更大，更容易损害投资者的利益。因此，需要通过对比不同类型企业在引入董责险这一外部治理机制后，董责险是否能够有效发挥"激励监督"作用，从而有效降低公司债融资成本。对于引入董责险治理的企业，如果引入了董责险治理不会诱发管理层机会主义行为从而有效降低公司债信用利差，那么可以采取哪些策略通过监督和防范潜在的管理层机会主义行为从而巩固和更好地提升董责险治理对公司债信用利差的积极影响；反之，可以采取哪些策略通过防范董责险治理所诱发的管理层机会主义行为从而有效应对董责险治理对公司债信用利差的消极影响？这是本书的第三个研究目标。

4. 进一步探讨公司债信用利差对企业经营后果的影响

企业引入董责险治理机制后，企业债券信用利差会相应产生变动。在此背景下，一个亟待深入探究的重要问题是：信用利差的这种变化将对企业经营产生何种影响？此问题不仅关乎企业风险管理的微观决策，更对宏观层面的金融市场稳定与资源配置效率具有重要意义。鉴于此，本书将从企业财务风险、企业创新能力以及企业价值创造三个维度切入，运用严谨的理论分析与实证研究方法，全面且深入地阐释信用利差变化对企业经营后果的影响机制与具体效应。这一研究内容不仅是对董责险治理机制研究的深化与拓展，更是本书核心研究目标体系的重要组成部分，旨在为企业优化公司治理结构、提升风险管理水平以及实现可持续发展提供具有针对性与实操性的学术依据与政策建议。这是本书的第四个研究目标。

1.2.2 研究内容

本书使用 2002～2022 年我国 A 股非金融上市公司债券发行数据，基于双向固定效应模型，研究了董事高管责任保险对公司债信用利差的影响，并进一步探讨了信息披露质量的机制作用。全书共分为八章，具体的章节内容安排如下。

第 1 章为导论。本章介绍了研究背景与意义，研究目标与内容，研究思路与方法，以及研究创新与不足。

第 2 章为文献综述。本章梳理了国内外关于董责险和公司债信用利差的影响因素，汇报了董责险与企业债务融资成本、企业信息披露质量的相关研究，为后续假设提出、变量选取、模型构建、实证分析及进一步研究提供了重要参考和理论依据。

第 3 章为概念界定与理论基础。本章通过对董责险与董责险治理、公司债信用利差和信息披露质量的介绍,结合保险理论、委托代理理论、信息不对称理论、信号传递理论,演绎并归纳出董责险与信用利差之间的关系,并进一步分析了信息披露质量在两者之间可能发挥的传导机制作用。

第4章为董事高管责任险对公司债信用利差影响的实证分析。本章在理论分析和研究假设的基础上,介绍了本章样本选取依据、数据来源、相关变量定义等内容,并构建了双向固定效应模型。本章在描述性统计和相关性分析的基础上,对董责险与公司债信用利差的关系进行了实证检验,明确了董责险对公司债信用利差的影响,并进一步基于债券期限分组对二者关系进行了更为深入、具体的研究。

第5章为董事高管责任险对公司债信用利差影响的进一步分析。本章主要由稳健性检验和异质性检验两部分构成。其中稳健性检验部分使用了安慰剂检验、工具变量法、遗漏变量法和倾向得分匹配法对主回归结论进行了再检验;异质性检验部分分别从股权性质、审计师质量、债权人保护程度和社会责任制度改善的视角考察了董事高管责任保险对公司债信用利差之间的影响差异。

第6章为信息披露质量对董责险与公司债信用利差关系的中介效应分析。本章在理论分析与研究假设的基础上,基于信息披露质量视角考察了董责险对企业债信用利差的作用机制,探讨了如何通过完善信息披露质量更好地发挥董责险的治理效应,为降低企业融资成本,减少企业融资困境提供理论和实践指导。

第7章为公司债信用利差对企业经营后果的影响。本章基于前几章研究结论,进一步研究了随着公司债信用利差的降低,融资成本的下降对企业财务风险、企业创新及企业价值的积极影响。

第8章为研究结论与政策建议。本章主要对前面的研究方法及实证结果进行了归纳与总结,并结合我国资本市场发展的现状,对上市企业引入董责险,完善董责险治理,有效发挥其对公司债信用利差及公司业绩的积极影响提出相关政策建议。进一步,在此章的最后部分,提出与本书相关的研究展望。

1.3　研究思路与研究方法

1.3.1　研究思路

本书使用 2002～2022 年我国 A 股非金融上市公司非平衡面板数据，基于双向固定效应模型，研究了董事高管责任保险对公司债信用利差的影响，并进一步探讨了随着公司债信用利差的降低，融资成本的下降对企业相关财务指标和企业业绩的影响。首先，在已有研究的基础上，对董责险治理的经济后果及其作用路径、公司债信用利差的影响因素、信息披露质量对公司治理影响的国内外主流文献进行归纳、整理，确定本书研究目标和研究内容，并构建本书分析框架；其次，通过相关概念界定和理论分析，基于董事高管责任保险发挥积极或消极治理作用的研究假设，本书对董责险与公司债信用利差的关系进行实证检验，并使用多种方法对二者关系的稳健性进行检验；再次，沿着"董责险—信息披露质量—公司债信用利差"的研究脉络，对董责险对公司债信用利差发挥作用的途径进行了深入剖析，最终揭示信息披露质量在董责险与公司债信用利差关系中发挥的中介作用；最后，在理论和实证分析的基础上，本书对充分发挥董责险的治理效应、完善信息披露质量机制、降低公司债信用利差及提高公司财务和业绩水平等方面提出了相关的政策建议，并对未来的研究进行了展望。本书的分析框架如图 1.1 所示。

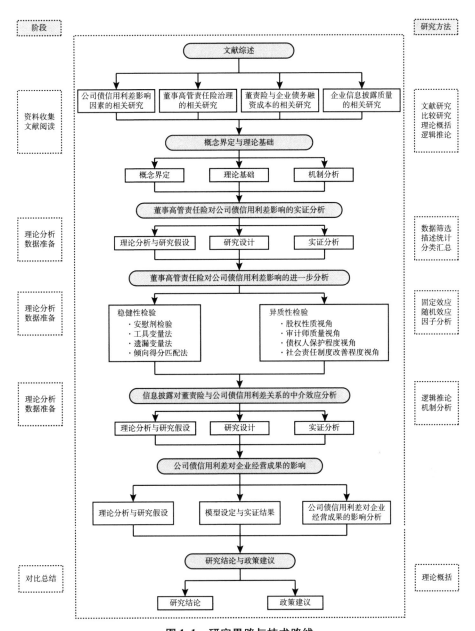

图 1.1　研究思路与技术路线

1.3.2　研究方法

1. 文献研究法

本书首先采用文献研究法对董责险治理经济后果及其作用路径、公司债信用利差影响因素、信息披露质量对公司治理影响的国内外相关文献主流观点进行归纳整理并分析其脉络，确定研究内容，构建分析框架；其次，根据现有理论整理三者之间的内在逻辑，提出假设。文献研究法有助于深入了解和熟悉与本书研究主题相关的国内外研究成果和最新研究动态，基于本书研究视角发现潜在的研究不足或空白，找到进一步研究的方向，进而确定本书的研究目标和内容。

2. 实证分析法

实证分析法是一种对现有理论和文献的综合分析，通过系统的数据收集和模型构建，运用计量统计技术来验证先前提出的理论假设的可行性和有效性的方法。本书以 2002～2022 年我国沪深 A 股上市公司为研究样本，参考国内外的研究成果，在选择合理的研究变量并在建立双重固定效应模型基础上，通过实证检验，考察了董责险对公司债信用利差的影响。同时利用中介效应逐步回归法，基于信息披露质量视角检验了董责险影响公司债信用利差的作用路径。具体方法包括描述性统计、相关性检验、多元回归分析、逐步回归法、安慰剂检验、工具变量法、倾向匹配得分法等。本书的数据处理软件主要是 Stata17.0 与 SPSS22.0 中文版。

3. 比较分析法

本书在进行股权性质、审计师质量、债权人保护程度以及社会责任制度改善措施异质性分析时，将股权性质和审计师质量分别分为国有企业和非国有企业、企业由来自四大的审计师审计和来自不是四大的审计师审计；将债权人保护程度以及社会责任制度改善分为披露和非披露相应保护措施与改善措施进行分析，对比研究不同分组条件下，上市公司购买董责险对公司债信用利差的影响结果是否存在差异。

4. 演绎推理法

演绎推理法就是从一般性的前提出发，通过推导即"演绎"，得出具体陈述或个别结论的过程，是依照反映事物客观规律的相关理论知识，由事物的已知部分推断未知部分的一种思维方法。在本书的实证研究中，主要基于保险理论、信息不对称理论、委托代理理论等理论，采用假说演绎推理的方式首先分析了董责险治理对公司债信用利差的影响，其次从管理层机会主义行为视角分析董责险治理影响公司债信用利差的作用路径，最后从股权性质、审计师质量以及投资者保护等多个角度提出了董责险对公司债信用利差影响的不同效果，从而提出能够应对董责险治理对公司债信用利差影响的具体措施。

1.4 研究创新与不足

1.4.1 研究创新

相较于现有研究，本书可能的边际贡献主要体现在以下三个方面。

（1）丰富了董责险治理与公司债信用利差的相关研究。本书以公司债信用利差作为新的视角，深入探讨了董责险治理对公司债信用利差的影响及相应的经济后果，进一步补充了董责险治理经济后果领域的文献。现有文献主要聚焦于企业信用评级、创新能力、企业业绩、投资效率、融资成本、公司治理、违规行为以及公司绩效等方面，评估了董责险治理对其影响及经济后果（Chen et al.，2016；胡国柳和彭远怀，2017；袁蓉丽等，2018a；胡国柳等，2019；Wang et al.，2020），鲜有文献基于我国资本市场情境考察董责险治理对公司债信用利差的影响。另外，现有研究发现，董责险具有促进"激励监督"和诱发"机会主义"正反两方面的作用，而本书的研究则支持了董责险治理的"激励监督假说"，即董责险通过发挥积极的监督激励效应，降低了公司债信用利差，缓解了企业融资困境。因此，本书研究结论不仅弥补了董责险治理在降低公司融资成本方面研究的不足，丰富了公司债信用利差影响因素领域的相关研究，也为董责险治理积极经济后果方面的研究提供了一定的补充。

（2）本书基于信息披露质量的视角揭示了董责险影响公司债信用利差的作用路径，拓展了董责险治理效应作用路径相关的文献。本书实证检验了董责险对降低公司债信用利差的作用机制，使得对二者关系的理解更加全面、深刻。通过机制检验发现，董责险的引入发挥了"激励监督"效应，提高了企业内部治理效率和公司信息披露质量。随着企业信息披露质量的提升，管理层机会主义行为越少，履职积极性越高，决策也愈加科学。良好的公司治理机制、较高的信息披露质量以及科学化的决策，使得投资者更加认可公司经营前景和稳定性，对公司融资时要求补偿的溢价水平也相应下降，具体地表现为公司债信用利差显著下降。本书从董责险强化企业治理效应的角度为提高信息披露质量、降低公司债信用利差提供了实证依据。

（3）本书的研究为合理定位董责险在经济社会发展中的作用提供微观层面的经验证据，同时也为优化董责险公司治理功能、促进董责险更好地发展提供有益补充。已有文献大多使用定性或定量的研究方法，探究影响董责险治理效果的具体因素和手段。本书从投资者视角出发，从股东、公司以及监管等多个主要利益相关者角度提出了一系列具体措施，旨在研究如何通过董责险治理提高信息披露质量，从而改善董责险治理对公司债信用利差的影响。同时，本书采用比较分析和实证检验相结合的方法，对这些具体措施的作用效果进行了更深入考察。这些研究成果不仅对企业正确认识董责险制度，提升其在公司治理中的应用效果，以及对信用利差的影响提供了一定的启示和借鉴，也为相关领域的学术研究提供了新的视角和方法论。

1.4.2 研究不足

由于个人能力和时间限制，本书可能存在以下几点不足。

（1）在董责险的衡量上，基于数据的可得性，本书选择"是否购买董责险"以及"董责险投保规模"作为解释变量。在此后的研究中，随着董责险的不断发展和信息披露水平的提高，可以从不同的视角出发，比如考虑保险费用、管理层投保比例等方面，来深入研究董责险对公司债券信用利差的影响。

（2）在研究公司债信用利差时，通过手动方式收集并计算了相关数据。如果缺少与公司债券期限对应的国债到期收益率数据，则会借助已有的不同期限国债到期收益率数据，使用插值法进行计算，这可能会对数据的完整性产生一定程度的影响。随着数据的完善及统计方法的创新，可以进一步提高数据的精确性和研究的稳健性。

（3）尽管本书已尽可能涵盖了公司债信用利差的影响因素，并在控制变量的选择上尽可能考虑到公司自身特征、市场交易情况及多方面因素，受到篇幅和指标选取的限制，本书未深入探讨制度、法律等其他可能对信用利差产生影响的因素。未来的研究可以考虑将这些因素纳入分析，以实现对公司债信用利差影响因素更全面地反映和检验。

第2章 文献综述

2.1 公司债信用利差影响因素的相关研究

现有国内债券市场以场外市场（银行间债券市场）为主、场内市场（交易所债券市场）为辅，并分别由中国人民银行和证监会负责监管。但对具体债券品种的发行监管则呈现多部门分品种监管的局面，即中华人民共和国国家发展和改革委员会（以下简称"国家发展改革委"）负责企业债，银行间市场交易商协会负责中期票据、短期融资券等品种，证监会负责公司债、可转债等品种。公司债作为企业遵循法定程序所发行的有价证券，是发行债券企业与债券投资者之间债权债务关系的法律凭证。信用利差是衡量信用债因潜在违约风险而预期产生的损失的指标，通常表现为信用债到期收益率与市场无风险收益率之间的差额。从风险补偿的角度来说，国债较公司债无违约风险且流动性更好，那么信用债投资者需要获得高于国债无风险收益率的溢价来补偿其承担的各类风险。同时，信用利差作为债券投资者权衡投资风险和回报的变量，是衡量公司融资成本的重要指标。方红星等（2013）的研究揭示了，信用利差能够有效反映公司债价格中针对投资者风险补偿的溢价部分，进而彰显公司债券自身的投资价值。

了解信用利差的影响因素对于债券市场参与者来说是至关重要的。这种认识不仅有助于债券发行人改进定价，从而提高公司债券市场效率，而且对于政策制定者制定审慎措施以控制债券市场信用风险尤为重要。综上所述，本章通过梳理国内外相关文献，将公司债信用利差的研究聚焦于两大核心议题：一是宏观层面，探讨影响公司债信用利差的宏观外部因素；二是微观层面，研究影响公司债信用利差的公司内部因素。对这两大议题的研究，对于进一步理解公司信用债的定价机制和影响因素的理论和实践意义，都具有重要作用。

2.1.1 公司债信用利差的宏观影响因素

债券作为一种广泛交易的有价证券，其价值变动离不开所处的宏观经济环境，国内外诸多学者对影响公司债信用利差的宏观因素展开了丰富的研究。关于宏观经济对信用利差的影响，现有文献主要关注经济增长率、通货膨胀、流动性指标、无风险收益率等方面。

1. 经济增长对债券信用利差影响的相关研究

卡瓦洛和瓦伦苏埃拉（Cavallo and Valenzuela, 2007）对新兴市场国家中公司债的信用利差数据进行回归检验发现，宏观经济周期和特定国家主权风险等都是影响公司债信用利差的主要因素。汤和阎（Tang and Yan, 2010）考虑了市场风险和违约风险对信用利差的影响，发现 GDP 增长的波动性、投资者情绪能够对信用利差产生显著影响。戴国强和孙新宝（2011）研究发现信用利差与 GDP 正相关。周荣喜和王迪（2013）研究发现货币购买力水平、GDP、短期无风险利率、长期无风险利率以及股票市场收益率和波动率等因素对企业债券信用利差有重要影响。晏艳阳和刘鹏飞（2014）在研究中利用 52 家公司债券的月度面板数据进行实证分析，发现 GDP 增长率、投资者信心指数和无风险利率对公司债信用利差有负面影响，而 GDP 增长波动率和国债即期利率斜率对公司债信用利差有正面影响。于静霞和周林（2015）探讨了宏观经济和货币政策对企业债券信用利差的影响。基于实证研究的结果表明，在企业债券信用级别降低和期限增长的过程中，宏观经济波动和货币政策对信用利差的影响逐步变大；流通领域的货币不足会造成信用利差增大；围绕通胀、人民币升值和经济增长提速的预期同样会提升信用利差。麦根华（2016）以我国 A 股公司债信用利差为研究对象，探究了代表经济周期的相关宏观指标的走势与同期的信用利差的变动趋势之间的关系，结果表明经济下行时，我国信用利差不降反升。

2. 通货膨胀对债券信用利差影响的相关研究

程文卫（2009）通过对我国2004~2009年间债券市场数据进行分析，发现通货膨胀是影响债券信用利差的格兰杰原因。类似地，德博克和克瑞赞诺夫斯基（Dbouk and Kryzanowski，2010）发现，通货膨胀率和GDP的期望增长率对信用利差的变化解释更加有效。周宏等（2011）分析了宏观经济不确定性对债券信用风险的影响，发现通货膨胀率能够对我国企业债券信用风险产生显著影响。同样地，王宇（2013）研究亦发现通货膨胀与信用利差呈正相关关系。相反地，程玉伟和任颐（2021）在研究中发现，货币政策越宽松，债券的信用利差越低，尤其在债券流动性较低的情况下，通货膨胀率对信用评级较低的债券影响更显著。但是，戴国强和孙新宝（2011）、程文卫（2009）、房蒙和段希文（2013）等研究却发现，通货膨胀与信用利差的相关性不显著。存在上述结论的原因在于，这些研究可能与其选择的样本有关，或者通货膨胀统计指标存在一定偏差。

进一步，刘博和孟娜娜（2018）对2012~2017年间银行间债券市场中期票据的信用利差进行面板数据的实证分析，分别从经济增长、利率期限和货币政策等宏观角度研究了信用利差的影响因素。结果表明资金宽松会提高信用利差，而不同因素中通货膨胀的影响最显著；此外，债券的信用等级也与是否会受到信用利差的影响有关，信用等级低的债券更易受到影响。

3. 无风险利率对债券信用利差影响的相关研究

朗斯塔夫和施瓦茨（Longstaff and Schwartz，1995）、达菲和辛格尔顿（Duffie and Singleton，2003）等研究发现无风险利率与债券信用利差呈负相关关系。赵亮和余粤（2012）研究发现名义利率对信用利差变动解释能力不高，而实际利率对信用利差有显著影响。李岚（2010）研究认为影响短期融资券信用利差变化的最重要的三个因素分别为10年期国债收益率的变化、国债期限结构变化以及短融供给的变化。从现有研究来看，目前关于无风险收益率对债券信用利差的影响观点较为一致。

4. 股票市场波动对债券信用利差影响的相关研究

股票市场和债券市场的风险特征存在较大差异，各自对投资组合的风险特征贡献亦存在差异，风险特征差异的不同会造成资金在两个市场之间流动，因此两个市场存在一定相关性。汤和阎（Tang and Yan，2010）研究发现信用利差的变动与股市的表现是相反的；何和王（He and Wang，2012）研究发现股市溢价将使得信用利差扩大，达菲和辛格尔顿（2003）认为股票收益率与债券信用利差呈负相关关系。

国内学者的研究主要集中在股票市场相关指数对信用利差的影响，结论差异较大。赵静和方兆本（2011）研究发现股票市场回报率与债券市场的信用利差呈负相关关系；房蒙和段希文（2013）研究发现信用利差与股市指数在均衡状态下负相关，动态情况下呈正反馈效应；还有一些研究发现债券信用利差与股票市场收益率呈正相关关系（孙克，2010）。王安兴等（2012）运用时间序列进行回归得出公司债信用利差与利率水平变化、换手率变化、零交易天数比率之间存在负相关关系。赵银寅和田存志（2010）则认为股票市场回报率和信用利差没有显著相关性。也有一些文献研究了股票市场波动率对债券信用利差的影响，周宏等（2011）等研究认为股票市场波动率与信用利差负相关，但是伯特兰和索尔（Bertrand and Schoar，2003）的研究却发现二者呈正相关关系。

国内外学者不约而同地从经济周期、产出水平、货币政策和通货膨胀等方面研究了宏观因素对公司债信用利差的影响。进一步，我国学者更多地结合国家政策和债券市场特征，如"一带一路"、产业政策推行、投资者信心指数等宏观方面因素，研究了这些宏观因素对降低公司债信用利差的作用效果，进一步丰富了宏观因素对公司债信用利差影响方面的研究和文献。如，吴涛等（2021）通过研究发现区域商业银行投债机制、政府兜底机制是影响公司债信用利差的重要因素。徐思等（2022）探讨了"一带一路"倡议对公司债信用利差的影响，他们的研究表明，国家"一带一路"倡议可以通过资源效应和信息效应降低公司债的信用利差。刘若鸿和黄玖立（2023）在研究中指出，产业政策的实施可以缓解企业的融资约束，并显著降低企业发债的信用利差。李永等（2018）通过采用固定效应模型对投资者情绪与公司债信用利差的关系进行回归分析，研究发现，投资者情绪越高涨，对公司债信用利差的要求越小。杨国超和蒋安璇（2022）通过实证发现，交叉违约制度的实施并不会降低债券违约风险，反而会导致债券信用利差显著提高。

2.1.2 公司债信用利差的微观影响因素

从公司债信用利差微观影响因素来看，发债企业的信用特征、财务指标、公司规模大小、信息质量和公司债发行规模、发行年限、债项信用评级等因素均会对公司债的信用利差水平产生不同程度的影响。

1. 流动性与信用风险对债券信用利差影响的相关研究

在现实中，由于大部分公司债券缺乏流动性，因此投资者将要付出比国债更高的交易成本，投资者必须为此获得补偿（Delianedis and Geske，2001；Driessen，2005；Chen et al.，2009；何志刚和邵莹，2012；等）。这些文献研究均认为流动性对公司债券的信用利差有显著影响。马改云（2010）发现随着破产重整期间的增加，信用利差随之增加，同时企业税率、企业资产波动率、企业破产成本、企业财务危机成本等因素亦对信用利差有一定影响。还有一些研究认为影响信用利差变动的主要原因不是信用风险（Delianedis and Geske，2001），信用利差不能完全由信用风险来解释，还应包括税收、流动性因素等。还有一些学者认为信用风险对信用利差的解释起到非常关键的作用（Edwards et al.，2007）。

2. 信用评级对债券信用利差影响的相关研究

也有学者研究了信用等级对债券信用利差的作用。芬斯（Fons，1994）的研究指出，发行主体的信用评级与债券信用利差存在显著关系，其中规模较小、成立时间较短、杠杆率较高的公司通常被赋予较低的评级，导致其面临更大的信用利差；而更成熟、更稳定的企业通常获得较高评级，其信用利差往往较窄。基斯根（Kisgen，2006）认为信用评级本身具有某种公开信息所无法涵盖的信息价值，因此信用评级对公司资本结构具有直接的影响。兰伯特等（Lambert et al.，2007）研究发现信用质量对信用利差的影响比流动性水平更大。吉拉蓬和刘（Jiraporn and Liu，2008）研究发现 CEO 的决策权力越大，公司债券的信用评级越低，债券信用利差越大。从国内的研究来看，王雄元和张春强（2013）发现信用评级与中期票据融资成本负相关；张淑君（2013）、徐继华和韩斯玥（2016）亦得出相似结论。丁晨霞（2016）通过实证分析肯定了信用评级对信用利差和融资成本的影响，指出市场风险与发行人信用评级密切相关。吴蕾和苏畅（2018）以银行间和交易所中所有信用债为研究对象，探讨了信用债评级所能传递的有效信息。研究结果表明，信用评级之间的差异性能够传递违约风险这一有效信息，且对于信用债的到期收益率具有指导作用。因此，我国信用评级具有认定效应，有利于现实中的投资实践。陈毛妮（2018）也得出相似结论，即被评级机构赋予较高评级的公司通常具有较低的债券筹资成本，表现为较低的公司债信用利差。

3. 信息不对称对债券信用利差影响的相关研究

信息不对称对信用利差的影响在现实的经济环境中普遍存在，由于外部投资者无法了解企业的真实情况，无法准确评估企业的偿债能力，因此信息不对称必然导致信用利差增加。达菲和兰多（Duffie and Lando，2001）发现信息不对称会导致投资者对公司债券的期限结构产生不同预期。于（Yu，2005）研究得出，企业对外披露的信息质量与债券信用利差存在显著关系，即信息披露质量越低，信用利差越高。卢和陈（Lu and Chen，2010）从信息不确定性和信息不对称的角度出发，研究了它们对信用利差的影响。结果显示，对于信息不确定性高和信息不对称的公司，债券投资者会要求更高的信用利差。从国内的研究来看，周宏等（2012）运用我国非上市企业债券数据，检验发现信息不对称程度与企业债券信用利差呈正相关关系；进一步，周宏等（2014）研究发现在控制债券和企业层面相关控制变量的情况下，信息不对称能使投资者获得显著的风险溢价。同时，方红星等（2013）利用2007～2011年公开发行的公司债数据作为研究样本，发现国有背景具有隐性担保作用，可以使信用利差收窄；此外，上市公司披露的内部报告向外界释放正面信息，从而降低了信用利差。周宏等（2016）以2010～2013年沪深两市发债上市公司的数据为研究对象，实证研究结果表明，发债上市公司能够通过履行社会责任降低负债过程中的信息不对称性，最终达到降低信用利差的目的。余玉苗和王植（2022）的研究表明，由国际四大会计师事务所和具有行业专长的审计师对家族企业进行审计可以降低其债券信用利差。

4. 资产价值及财务杠杆对债券信用利差影响的相关研究

埃里克斯等（Ericsson et al.，2009）研究发现，发债主体的财务杠杆水平与投资者要求的风险溢价呈正相关关系。从国内学者的研究来看，任兆璋和李鹏（2006）发现财务比率方法确定的变量更适宜解释企业债券信用利差。王安兴等（2012）的研究发现杠杆水平与信用利差显著负相关。周宏等（2015）运用工具变量回归，结果发现企业现金持有具有内生性，在非上市与上市企业中，现金持有的内生机制存在差异。王晓彦（2017）发现公司债券总资产收益率与公司债信用利差之间显著负相关。张戡和李飞鹏（2018）研究得出，财务杠杆率盈利指标等公司财务因素都会对公司债信用利差存在显著影响。

5. 其他微观因素对债券信用利差影响的相关研究

还有一些学者从发债企业的产权性质、内部控制、会计信息质量等角度研究了其对信用利差的影响。如冈珀斯等（Gompers et al.，2003）通过构建治理指数发现，治理水平越高的公司具有更高的企业价值和更低的融资成本。方红星等（2013）研究了国有产权的硬性担保作用。达利瓦等（Dhaliwal et al.，2016）从企业内部控制角度探究了其对债券信用利差的影响。李晓慧和杨子萱（2013）、陈汉文和周中胜（2014）从债务契约特征的视角探讨了内部控制对债权人的保护作用。周荣喜等（2019）利用DNS（Dynamic Nelson –

Sieyel）模型研究发现，我国公司债的信用利差主要受其利差期限结构中所含信息的影响，而宏观经济变量和公司特征变量对其信用利差的影响较小。张亚洲（2020）以 2009～2018 年 A 股上市公司为研究对象，研究了内部控制有效性对企业价值的影响，并基于融资约束的视角论证了这一影响产生作用的路径。实证研究的结果表明，内部控制有效性能够降低企业的融资成本，进而有利于提升企业价值；对于信息环境较薄弱的企业，融资约束的中介作用更为显著。还有学者发现，会计信息亦能影响公司债券的信用利差，如王博森和施丹（2014）研究发现会计信息在公司债券一级市场和二级市场的定价中都能发挥一定作用。

综上所述，现有研究表明影响信用利差的因素是多方面的，这些因素主要包括宏观经济因素，企业价值、信息不对称和公司治理等企业内部因素。对比发现，目前学者们就信用利差的影响因素存在着一定争议，研究结果也并不一致。进一步分析发现，研究结论存在差异的原因在于债券样本选取的不同，同时，样本数据的选取时段差异也是造成回归结果差异的重要原因。

2.2　董事高管责任险的相关研究

学术界对于董事高管责任险的相关研究主要聚焦于两个方面：需求动因和治理效应。自 2002 年我国首次引入董责险至今已有 20 余年，但我国上市公司的投保意识仍相对薄弱。这不仅说明国内公司对董责险的认识和接受程度还有待提高，也反映了我国学术界对于董责险这一"舶来品"的需求动因和治理效应的研究也相对不足。本节旨在对国内外学者对企业购买董责险的需求动因，以及董责险在公司治理方面发挥的治理效应相关研究结果进行梳理和总结，以求客观公正地评价董责险的作用机制和效果，并为后面的研究提供一定的理论支撑和研究启发。

2.2.1 董责险需求动因的相关研究

遵循解决代理问题的一般思路，企业可以通过建立或完善激励和监督等公司治理机制以激发管理层工作的积极性和创造性，从而解决代理问题。就传统的激励机制而言，薪酬激励可以在一定程度上提高管理层履职的积极性和创造性，但也可能会恶化代理冲突，如诱发管理层的短视行为（吴育辉和吴世农，2010）。股权激励虽然可以在一定程度上避免薪酬激励导致的管理层短视等代理冲突，但却可能带来诸如管理层利用自身权力自定股权激励方案等新的代理问题（吕长江等，2011）。作为企业传统的两大监督机制，董事会和监事会被赋予了相应的监督职能，但由于存在独立性不足等问题，其监督效果均难以保证（Wu et al.，2016）。外部审计这一外部监督机制虽然可以对董事会和监事会等内部监督机制形成有益的补充，但也可能因存在独立性不足等问题而引发审计失败（秦荣生，2002）。在上述传统公司治理机制的激励和监督效果并不理想的情况下，找寻其他公司治理机制以期更好地对管理层进行激励和监督成为解决代理问题的一个重要选择。

大量研究发现，引入董责险治理不仅可以将管理层在履职期间因非主观故意的决策失误或非主观故意的行为不当而可能遭受的民事赔偿损失转嫁给保险公司，而且可以为企业引入保险公司这一外部监督机制，提升公司治理水平，从而有效激励和监督管理层科学决策并产生积极的经济后果。迈耶斯和史密斯（Mayers and Smith，1982）提出了企业保险需求理论，认为企业投保保险主要是为了分散风险。企业通过购买董责险将一部分风险转嫁给保险公司，以降低风险管理成本并分散经营风险，从而提升经营效率和内在价值。科尔（Core，1997）指出，企业购买董责险的主要动机是管理层对风险的厌恶，特别是对诉讼风险的厌恶。董事和高管出于保护自身利益的考虑，积极购买具备保障功能的董责险，以规避决策风险。贝克和格里菲斯（Baker and Griffith，2007）的研究也发现了类似的结论，他们认为公众持股的公司组织形式本身就是一个复杂的风险转移机制，这导致了股权集中的公司主动购买董责险。有的观点认为，公司引入高管职业险有助于在高管决策失误时减轻高管的责任，从而减少公司的损失。高管会因为董责险可以为其提供一定保障而更倾向于加入公司，这一特点有利于企业吸引和保留优质人才，并进一步提升公司的治理水平（Jensen，1993；Gillan and Panasian，2015）。胡国柳和胡珺（2014）通过实证检验发现董责险具有转移风险的作用，公司具有越高经营风险概率就越会寻求董责险的保障。郑志刚等（2011）、肖小虹和潘也（2022）研究指出，上市公司在为管理层购买董责险时，将其在日常经营中可能招致的财产损失风险转移给保险公司，缓解高管层的潜在风险，使他们能够敢于承担风险，从而减轻了对决策失误的担忧，激励管理层投入促进企业自主创新的经营中。胡国柳等（2019）也证实了，董责险将企业董监高在日常经营中面临的潜在诉讼风险转移给保险公司，缓解管理层在决策过程中的后顾之忧，有助于激励高管积极履职。

由此可知，在董责险的需求动因方面，国内外学者都得出相似的研究结论：上市公司购买保险，目的都是规避日常经营时的风险，在保障自身利益的同时，激励高管层做出有利于公司发展的经济决策，提高企业的内在价值。

2.2.2　董责险治理效应的相关研究

董责险起源于美国，至今已拥有近百年的历史，北美地区的公司投保率超过95%，位居全球之首，在港股市场上，董责险的投保率也达到了80%以上。尽管董责险在海外市场已经相当成熟，但我国 A 股市场公司的投保意识仍相对薄弱，自2002 年我国首次引入董责险至今已有20 余年，国内的投保率仅有10% 左右[①]。这种情况不仅反映了国内上市公司对董责险的认识和接受程度还有待提高，也说明了我国企业、学术界以及相关部门对于董责险这一

---

① 具体数据见本书表 3.1 中我国上市公司购买董责险的年度分布情况。

"舶来品"能否发挥积极的治理作用，以及如何有效发挥其作用还处于迷茫和探索阶段。目前关于董责险的治理效应及作用机制，学术界主要基于"外部监督假说"和"机会主义假说"视角，从正反两方面提出了截然不同的观点。

1. 董责险治理效应的"外部监督假说"

针对董责险的治理效应及其作用机制，一些学者从"外部监督假说"的视角肯定了董责险的积极治理作用，并从强化管理层激励、缓解委托代理问题、加强外部监督、提高信息披露质量等角度，指出了董责险发挥作用的机制路径。

董责险作为一种保障性激励工具，能够减轻管理层的决策风险，解除后顾之忧，鼓励他们积极履行职责，从而改善企业整体治理机制，提升经营效率（赵杨和 Hu，2014；张人方，2021）。布瓦耶和斯特恩（Boyer and Stern，2012）通过实证研究发现，企业购买董责险规避了非故意过失引起的诉讼风险，通过这种风险"兜底"效应，激励管理层改善企业内部治理水平，进一步缓解委托代理等问题，提升企业风险承担。文雯（2017）的研究也发现，董责险可以通过转移管理层风险承担水平来发挥积极的公司治理作用，并且这种作用与企业成长性、地区市场化水平存在显著的正相关关系。方军雄和秦璇（2018）、王等（Wang et al.，2020）的实证研究皆表明，公司通过投保董责险可以提高管理层的风险承受能力，增加公司对于决策失败的承受度，减轻董事高管对于高风险决策的后顾之忧，进而促使高管做出有利于公司资本结构调整的合理决策。

刘斌等（2021）认为，董责险作为一种新型治理机制，引入了保险公司作为外部监督主体参与上市公司的治理监督，这不仅能够督促高管积极履职，加强企业内部治理，还能进一步提升企业的经营业绩。关鑫等（2021）的研究再次证实了董责险所带来的外部监督效应。他们认为，保险公司为了减少自身风险，会对投保企业的治理水平和经营风险进行全面的专业调查评估，同时全程监督上市公司高管的经营行为，从而抑制企业的非效率投资和过度投资行为。这一结论与张顺杰等（2021）研究结果相似。后者在此基础上进一步指出，董责险有助于提升企业价值，但当考虑财务柔性作为调节变量时，会减弱两者之间的正相关关系，并且随着企业财务柔性储备水平的提高，这种削弱效应会逐渐增强。胡国柳和宛晴（2015）研究发现，董责险能够充当外部监督角色，并且还指出上市公司购买董责险能有效监督与约束管理层的金融投机行为，从而降低股价崩盘的风险。

许荣和王杰（2012）得出，企业更多地使用董责险作为监督机制，将进一步改善公司治理机制、降低公司代理成本。这与凌士显和白锐锋（2017）的研究发现类似，后者也得出公司引入董责险能够有效地降低内部治理中出现的两类代理成本问题，表明董责险具有激励监督效应，是一种积极的公司治理机制。

进一步，董责险作为一种外部治理机制对信息披露质量产生重要影响。王岚和顾海荣（2022）通过实证检验发现，上市公司通过购买董责险引入保险公司作为第三方监管机构，能够抑制高管的道德风险和逆向选择，督促企业高管提高信息披露质量，从而缓解委托代理问题，发挥积极的治理作用。同时，吴勇等（2018）的实证研究表明，无论是以财务状况还是会计绩效衡量，购买董责险都能显著提升公司价值，进一步证实了董责险具有积极的监督效应，有助于缓解信息不对称问题，改善企业的内部治理。

2. 董责险治理效应的"机会主义假说"

虽然众多文献基于强化管理层激励、缓解委托代理问题、加强外部监督、提高信息披露质量等视角，肯定了董责险的积极治理作用，但仍有大量学者持反对意见，提出了与之相对的"机会主义假说"。他们认为，由于我国公司外部法治环境不健全，内部治理体系不完善，公司高管层违法成本低，董责险非但难以发挥积极的治理作用，还会因"松绑或兜底"效应降低信息披露质量、加剧代理冲突、诱发高管层道德风险和投机行为，导致诸多不良的经济后果，例如增加企业财务重述、管理费用和经营风险，降低融资水平和融资效率等问题。

陈等（Chen et al.，2016）、冯来强等（2017）研究发现，董责险为企业管理层的道德风险起到"兜底"作用，导致他们为谋求私利，侵占公司利益。因此，购买董责险不仅没有起到提升公司治理能力的目的，反而加剧了投资方与企业内部的信息不对称程度，阻碍了公司的长远发展。吴锡皓和程逸力（2017）通过研究发现，董责险推动了高管机会主义行为的发生，尤其是在信息披露方面，购买董责险的公司高管更偏好披露对自身有利的财务信息，而未能全面披露信息或披露失真的信息则增加了财务重述的可能性。这与李从刚和许荣（2019）的研究相似，两位学者从信息披露意愿的角度出发，通过实证检验得出上市公司购买董责险后管理层披露信息的自愿性显著降低，且在公司面临的诉讼风险和代理冲突越大的情况下，这种现象就越明显。赖黎等（2019）也通过实验得出，上市企业购买董责险后，并未发挥积极的治理效应，反而诱发了高管的道德风险，促使企业因增加短期贷款与长期投资的配置比例而导致银行短期借款比例下降，进而使得企业的经营风险显著增加。同时，陈险峰等（2014）发现，董责险通过增加企业权益资本成本这一中介机制，降低了企业的再融资水平。换言之，尽管董责险为高管提供了一定程度的庇护，但同时对企业的融资产生了负面影响。林等（Lin et al.，2011）探讨了董责险制度是否诱发管理层的机会主义投资，并发现董责险保费越高，企业外部融资频率越高，但融资效率越低。此外，袁蓉丽等（2018）的研究表明，购买董责险的企业转移了管理层的诉讼风险，过度保护了高管利益，从而诱发了管理层的道德风险，加剧了委托代理冲突，进而导致审计费用的增加。常启国和高挺（2018）综合考虑了时间效应，对公司数据进行分析后得出董责险发挥了机会主义效应，但这种效果存在一定的滞后性，即企业刚购买董责险后管理层的机会主义效果并不明显，三年后才会表现出来。

2.3　董事高管责任险与企业融资成本的相关研究

如前所述，信用利差作为债券投资者权衡投资风险和回报的变量，是衡量公司融资成本的重要指标。一方面，公司债信用利差不只受到宏观因素的影响；另一方面，债券投资者在购买公司债券时，不仅考虑债券的期限、信用评级、流动性等特征因素，还会关注与发行人公司治理相关的诸多因素，例如股东治理结构、管理层是否存在腐败行为以及外部监督机制的有效性等方面。特别是董责险自首次引入我国至今已有 20 余年时间，对于董责险发挥何种治理效应，理论界存在两种截然不同的观点。如前所述，外部监督假说认为，当企业为了防控风险而购买董责险时，保险公司为了维护自身利益，会积极发挥外部监督作用，严格约束董监高的机会主义行为。因此，董责险的购买能够显著提高公司外部监督水平，降低委托代理问题，提高公司治理的有效性（Yuan et al.，2016；胡国柳和常启国，2022）。相反地，机会主义假说认为，董责险的引入会产生较强的"兜底"效应，使得董监高能够将在经营过程中面临的诉讼和罚款的风险转移至保险机构，特别是董责险的承保期一般为一年，这将进一步加剧管理层短视的机会主义倾向，恶化公司的代理问题，降低公司内部治理水平（郝照辉和胡国柳，2014；Weng et al.，2017；冯来强等，2017；赖黎等，2019）。

公司内部治理的有效性会对投资者的风险补偿行为产生影响。从抑制机会主义行为视角出发，胡国柳和彭远怀（2018）从外部借款人的角度验证了董责险对公司债务成本的治理效果，他们发现董责险通过限制管理层高风险经营活动，并将降低经营风险的信息传递给外部投资者，从而降低了公司的债务融资成本。类承曜和徐泽林（2020）研究发现，若能抵制管理者的机会主义行为，董责险在降低债券信用利差、降低融资成本方面发挥积极的治理作用。张瑞纲和潘玥（2022）的实证分析显示，上市公司在购买董责险后，其债务融资成本显著降低。这表明董责险在促进债务成本降低方面具有较大的公司治理作用，超过了其可能存在的机会主义效应。同时董责险通过发挥外部监督效应提升公司治理水平，向资本市场及投资者传递着积极正面的企业形象，从而降低投保企业的融资成本（阮青松等，2022）。进一步从信息披露质量的视角，甄红线等（2019）认为，发债公司出于维护声誉和避免审计诉讼风险考虑，需要提高自身信息质量稳健性以满足债券投资者的需求。企业购买董责险后，其信息披露质量更加受到外部监管者——保险公司的关注，保险公司会把上市公司信息披露质量作为是否承保以及如何厘定保费的重要因素（陈华等，2023），从而在根本上改善企业的治理，影响上市公司的融资成本。

另外，肖作平和廖理（2007）指出，过强的风险厌恶和过于保守的管理风格会对股东利益及企业融资产生不利影响。虽然董责险可以减轻股东和管理层、中小股东及其他利益相关者之间的利益和代理冲突，但股东和债券投资者的利益并不完全相同。股东可能愿意为公司业绩提升承担一定风险，甚至支持一定程度的管理人员"激进"行为。然而，对于仅享有固定索取权的债券投资者而言，任何导致企业经营风险和违约风险增加的原因都是不利的。陈等（Chen et al.，2016）通过对加拿大债券市场的研究后发现，加拿大的投资者认为董责险削弱了股东诉讼的威慑力，导致管理层出现了机会主义行为，降低了公司治理的效率，因此，股东对购买董责险的公司会要求更高的投资回报率。贾莹丹等（2023）进一步指出，董责险的引入会降低管理层的自利成本，无形中会诱发管理层的机会主义行为，进一步加剧委托代理问题。而随着管理层道德风险的增加，其对投资者披露的信息也会存在瞒报、漏报、误导性陈述现象，进一步导致债券投资者对于未来收益的不确定性增加，从而要求更高的信用利差（陈险峰等，2014）。

从上述文献不难发现，良好的公司治理机制确实能够降低公司债务融资成本。但董责险作为一种新型的治理机制，其究竟发挥"激励"还是"自利"作用，最终降低还是提高了投资者对公司债信用利差的要求，尚未形成一致结论。因此，本书拟从董责险购买与否的视角，探讨随着保险公司这种第三方外部监督机制的引入，公司债券投资者能否有效识别并接受这种治理机制，显著降低对公司债信用利差的溢价要求，从而有效降低公司融资成本。

2.4 企业信息披露质量的相关研究

2.4.1 企业信息披露质量的驱动因素

信息披露质量是资本市场有效运行的基石。在委托代理框架下，良好的信息披露有助于缓解资本市场资金供需双方的信息不对称，提高资本配置效率（Healy and Palepu，2001），因而，如何提高信息披露质量已成为学者们研究的焦点。已有文献对企业信息披露质量的驱动因素的研究可以归纳为以下几个方面。

1. 公司内部治理与信息披露质量

由于公司信息披露行为是管理层行为决策的结果，在两权分离的现代公司治理结构中股权制衡（蔡宁和梁丽珍，2003；王雄元和沈维成，2008）、董事会特征（张振新等，2011）、管理层能力（Forker，1992；王俊秋和张奇峰，2007；鲁清仿和杨雪晴，2020）、高管激励（Warfield et al.，1995；刘宝华等，2016）和股权融资（Larry et al.，2004）等公司治理特征都是影响信息披露质量的重要因素。

在股权制衡度对信息披露质量的影响方面，蔡宁和梁丽珍（2003）发现，上市公司董事会中外部董事比例的大小与公司发生财务信息粉饰事件之间没有显著相关的关系，股权越集中的上市公司越容易发生信息粉饰事件，董事会人数与信息粉饰显著正相关。王雄元和沈维成（2008）发现，股东人数越多对信息披露质量的提高有负向的作用，股权集中度对于信息披露质量有正向作用。姜涛和王怀明（2011）研究得出，提高第一大股东持股比例和增加大股东个数对信息披露质量有正面影响，但第二大股东持股状态对信息披露质量影响不显著。另外，高管薪酬促使盈余管理增加，因此对高管实施股权激励的公司，财务信息质量较低，从而信息披露质量也较低（刘宝华等，2016）。高管内部结构差距大，公司的财务信息质量也较低（何威风，2015）。同时，具有审计背景的高管所在的公司审计风险加大，财务信息质量较低（蔡春等，2015）。

在董事会特征对信息披露质量的影响方面，学者主要考虑了董事规模、董事独立性、会议召开频率、董事会结构等因素。张振新等（2011）提出，董事会治理对于信息披露质量有一定的积极作用。巴斯莱（Beasely，1996）研究发现，董事会规模越大，粉饰财务信息的可能性越低。什图鲁（Chtourou，2001）研究发现，董事会规模与信息披露质量呈正相关。类似地，多尔顿等（Dalton et al.，1999）也发现，董事会规模越大，董事会具有更多的专业性人才，董事会越会拥有更全面的专业知识，所以董事会也越能更好地处理发生的各种问题，董事会的职能可以更好地得到体现，从而公司披露的信息质量也会随着提高。崔伟和陆正飞（2008）发现董事会规模对企业会计信息质量会产生一个显著的正向激励，即董事会人数越多，会计信息透明度越高。相反地，利普顿和洛尔施（Lipton and Lorsch，1992）研究却发现，董事会规模越大，董事之间的沟通成本越高，董事会角色越得不到体现，就会影响到公司的内部管理，从而进一步会影响到公司的信息披露。艾森伯格等（Eisenberg et al.，1998）进一步指出，董事会规模越小，"搭便车"行为发生的概率越低，董事会的监督职能发挥得越充分，从而公司的经营业绩会更好，信息披露质量越高。在董事会的独立性方面，众多研究指出，董事会独立性越强，越能发挥监督治理作用，公司发生财务舞弊的可能性越小，企业信息披露质量越高（王跃堂等，2008）。同时，独立董事作为中小投资者的代表，其网络中心度越高，越有助于监督管理层的机会主义行为，促进企业信息披露质量的提升（陈运森，2012）。熊莉（2007）在她的研究中得出，公司独立董事比例的大小与我国上市公司信息披露质量的优劣并没有显著直接的关系；但是独立董事参加董事会的次数增加却对上市公司信息披露质量的提高有一个正向的作用。

在管理层能力方面，学者更多地集中于探索高管权力与企业信息质量之间的关系。福克（Forker，1992）的研究就曾提出，当总经理与董事长两个职务集于一人时，董事会的监督治理角色会大大弱化，高管粉饰信息的可能性大大增高，信息披露质量得不到保障。王俊秋和张奇峰（2007）在他们的研究中也发现，企业中总经理与董事长两职合一时，对信息披露质量的影响是显著的负向作用。但有研究却发现，董事长与总经理两个职位由一人担任时，对于信息披露质量没有产生显著的影响（Cheng and Courtenay，2006）。江金锁（2014）研究也得出，两权分离对信息披露质量没有显著影响。赵等（Zhao et al.，2014）研究发现，管理权超出管理层的具体控制权，促使信息披露中的机会主义行为得以实现。李海霞（2015）研究发现，投资者保护水平的提高，能够显著降低 CEO 集权引发的公司过度风险承担问题，而投资者保护水平提高主要表现为公司信息披露质量的提升。徐和张（Xu and Zhang，2017）认为较高的管理者权力将对绩效信息披露产生负面影响。另外，加菲尔德等（Warfield et al.，1995）研究认为，管理层作为信息披露的重要决策者，通过对其实施持股能够有效降低内部人的操纵行为，提高信息披露质量。还有学者认为，管理层持股比例的上升会诱发管理层的"短视"行为，降低企业信息披露质量（Beasley，1996），但管理层能力越高，越有助于信息披露质量的提升（鲁清仿和杨雪晴，2020）。然而，当控股股东进行股权质押时，企业更倾向于披露好消息，导致信息披露质量变差（李常青和幸伟，2017）。迪科等（Dicko et al.，2020）基于加拿大上市公司数据证实，通过董事会或高层管理人员建立起来的政治关联能影响到企业信息披露水平，存在政治关联的上市公司会更倾向于进行自愿性信息披露。

同时，董秘作为公司信息披露的直接负责人，其社会资本直接影响公司信息披露质量（周开国等，2011；高凤莲和王志强，2015）。但董秘的性别因素与现实中认知的柔性管理理论相矛盾，即相对于男性董秘，虽然女性具有谨慎性特征，但女性董秘并没有显著提高企业信息披露质量（林长泉等，2016），但当董秘兼任高管或执行董事时，会显著提高企业信息披露质量（卜君和孙光国，2018）；董秘兼任公司副总时公司信息披露质量显著提高（高强和伍利娜，2008），但这一效应并不存在于董秘兼任董事的公司中。

2. 企业财务特征与信息披露质量

企业财务特征也会对信息披露质量产生影响，大多数学者从公司的经营绩效、财务杠杆及公司规模等方面来着手研究二者的关系（Healy and Palepu，2001；申景奇和伊志宏，2010；伊志宏等，2010）。

在企业经营业绩方面，希利和帕利皮尤（Healy and Palepu，2001）认为由于高管与外部投资者之间存在信息不对称，导致市场存在较强的"柠檬效应"，该效应使业绩好的公司价值往往被低估，所以业绩好的公司为了避免这种"柠檬效应"，会对企业公允信息进行充分披露。王斌和梁欣欣（2008）在研究中得出，财务业绩越好，公司高管倾向于向外界传递更多的信息，让外界知晓公司的高业绩，向大众传递好信号。

在公司财务杠杆方面，债务水平对信息披露质量的影响存在两种分歧性意见：第一，负债水平高，激发债权人主动参与公司治理，从而积极改善信息披露质量。科菲（Coffee，2002）发现，公司负债越多，面临的财务风险越大，为保证资本的可持续性，公司会披露尽可能多的信息，向债权人与股东传递一个良好的信号。第二，负债水平高，激化公司内部委托代理冲突，容易导致公司市值低估，公司管理层盈余管理动机增强，对财务信息披露加以"粉饰"，以此进行市值管理，从而降低信息披露质量。有研究发现，公司负债率越低，公司的财务风险越低，经营好的公司倾向于向外界披露更多的信息，让投资者了解公司的情况，从而吸引资本的流入（Eng and Makb，2003）。

在公司规模方面，霍尔德内斯（Holderness，1990）研究发现，一般来说，随着公司规模的不断增大，公司也会更加注重公司声誉，而若发生财务舞弊，大规模公司会付出更大的成本代价；另外，公司规模越大，受到社会的关注度越多，公司不得不提高公司的信息披露质量，所以公司规模越大，信息披露质量越高。崔学刚（2004）、杜兴强和周泽将（2007）研究发现，公司规模的大小与公司的营运业绩之间有相互作用，业绩好对于信息透明度有一个正向作用。张为国和王霞（2004）研究发现，随着公司规模的不断增大，公司高管利用高报盈余进行盈余管理的可能性大大降低，从而公司信息披露质量更高。申景奇和伊志宏（2010）也发现，公司规模越大，外部融资需求越高，因而有动机改善信息披露质量，获得融资优势。同时，公司规模越大，也越容易受到监管关注，因而信息披露质量越高（伊志宏等，2010）。

3. 外部治理对信息披露质量的影响

企业行为决策内生于所处的外部环境，现有研究证实企业的信息披露质量受到行业竞争和地区特征的影响（Harris, 1998；何平林等，2019；王丹等，2020）。此外，机构投资者、审计、分析师跟踪、媒体报道、卖空机制等外部治理也都可以对信息披露质量发挥重要的治理作用（魏志华和李常青，2009；曹廷求和张光利，2020）。

首先，行业竞争程度、行业监管能发挥治理效应，对企业信息披露质量产生影响。当企业所处行业竞争程度较小时，企业进行自愿性信息披露得越不及时，越降低企业信息披露质量（Harris, 1998）。但李和汤（Li and Tang, 2010）以行业总销售额与行业内企业个数之比衡量行业竞争程度，发现当企业处于竞争程度较高的行业时，为保持其竞争优势，企业会披露更多消息，提高信息披露质量。且产品市场竞争是公司治理机制的补充，能有效提升信息披露质量（伊志宏等，2010）。

其次，机构投资者持股、分析师跟踪等外部机构能发挥治理特征，提高信息披露质量。魏志华和李常青（2009）认为外部投资者保护能对管理层的机会主义行为形成约束，提高企业信息披露质量。且机构投资者持股比例越高，企业的信息披露质量越高（曹廷求和张光利，2020）。谭劲松和林雨晨（2016）指出，机构调研是其参与公司治理、提升信息披露质量的方式之一。

区别于已有研究，刘欢等（2020）将基金持股划分为主动型基金和被动型基金持股，发现主动型基金持股降低了企业信息披露质量，而被动型基金持股则能提高企业信息披露质量。同时，分析师跟踪人数越多，越能有效监督进而提高信息披露质量的可信度（王丹等，2020）。此外，白等（Baik et al.，2020）发现，对冲基金的短视效应与其投资组合公司的自愿性信息披露频率负相关，因此有必要认识到机构投资者自身存在的代理问题。陈汉文等（2020）基于上交所2013年有关审计委员会履职信息强制披露规定的准自然实验，发现审计委员会透明度的提高显著提升了企业会计信息质量。李春涛等（2017）基于融资融券的准自然实验考察了卖空机制对信息披露质量的影响，研究发现，卖空压力约束了经理人的私利行为，提高了公司信息披露质量。而且，公司信息披露质量越高，越能缓解与外部信息使用者之间的信息不对称性，从而降低公司债务或股权融资成本（Botosan and Plumlee，2002；曾颖和陆正飞，2006；李志军和王善平，2011）。

最后，地区法治环境能影响企业信息披露质量。何平林等（2019）认为公司信息披露行为受到地区法治环境的影响，良好的法治环境能提高企业信息透明度，降低企业信息操纵行为，有效提升信息披露质量。王嘉鑫等（2020）以2013年央行全面开放利率管制为背景，发现央行全面放开利率管制有助于促进企业披露高质量的信息。此外，阮睿等（2021）基于年报中文本可读性制度测度信息披露质量，以"沪港通"作为准自然实验进行检验，发现"沪港通"实施后企业信息披露质量有所提高。

2.4.2　企业信息披露质量的经济后果研究

信息披露一方面可以为上市公司降低内外部信息不对称，树立起诚信的形象，赢得良好的声誉，降低融资的成本以及提高市场竞争力（曾颖和陆正飞，2006；吴红军等，2017；黄秀女和钱乐乐，2019）；另一方面作为保护投资者的一种有效机制，既可以减少债权人错误的信贷，也可以保护中小股东的利益，从而可以防范金融风险，促进资本市场的繁荣，提高资源配置和使用效率，推动实体经济的可持续发展（Chen et al.，2016）。

1. 对股票流动性和收益率的影响

根据信息不对称理论，一家公司的信息披露质量越低，处于信息弱势的投资者越容易接受低价买入策略或要求更高的风险溢价补偿，从而降低了双方自愿交易的程度，降低了市场流动性，削弱了股市配置资源的有效性。而信息披露则可以缓解这一问题，信息披露质量越高越能够帮助投资者制定合理的投资决策。对于上市公司而言，高质量的信息披露可以减少投资不确定性，提高股票的流动性，提高公司股东的回报率，并能够降低交易成本。

戴蒙德和韦雷基亚（Diamond and Verrecchia，1991）通过模型证明了信息披露与资本成本的关系，认为公开信息披露可以降低信息不对称程度，增加投资者的需求，提高证券市场的流动性，降低公司资本成本，激励大公司披露更多的信息。他们指出，信息披露能够降低投资者之间的信息不对称程度。因此，对于信息披露水平高的公司而言，投资者更有信心认为股票交易是按照公平价格，最终能增强公司股票的流动性。巴塔查尔亚（Bhattacharya，1989）首先进行了相关实证检验，使用了买卖价差来表示流动性，发现排在信息披露质量后三名的公司要比前二的公司买卖价差高出约50%，认为内在的信息披露政策揭示了披露政策和买卖价差之间的负相关关系，在控制了报酬的波动率、交易量等相关因素后，该结论仍然成立。这一研究表明一个好的披露政策可以减少信息不对称，降低买卖价差，有助于提高股票的流动性。金和韦雷基亚（Kim and Verrecchia，1996）通过建立模型将市场流动性需求、披露的最优水平、资本成本、代理成本和内部人交易联系起来，并进行实证分析，研究发现，财务信息披露依赖于资本市场的流动性，更多的披露会增加股票的流动性，降低资本成本。赫夫林等（Heflin et al.，2003）研究发现，高质量信息披露的公司具有更低的买卖价差和逆向选择价差，同时，高质量的信息披露能够解决交易者间的信息不对称，提高公司的流动性，提高交易者在合理的价格上有效地实施股票交易的能力。弗伦奇和罗尔（French and Roll，1986）研究了股票回报率与信息之间的关系，他们发现，影响公司股票回报率波动的主要因素是普通投资者所获得的信息流的数量和质量，即普通投资者得到的公司所披露信息的数量和质量与上市公司股票回报率波动幅度呈负相关关系，也就是说，公司信息披露质量越高，则其股票回报率的波动幅度就越小。盖尔布和扎罗文（Gelb and Zarowin，2000）也进行了类似的研究。他们将信息披露水平高的公司与信息披露水平低的公司进行比较，发现信息披露越高的公司，其股票价格与现在以及未来收益具有更高的相关性，信息披露质量有助于资本市场的发展。明顿和施兰（Minton and Schrand，1999）发现在 IPO 之前更多的信息披露将有更低折价，在 IPO 以后，信息披露仍与信息不对称的替代变量存在显著的负相关关系，包括买卖价差。其后，布什曼和史密斯（Bushman and Smith，2001）进一步指出，低质量、不透明的信息披露会使公司的报告盈余不能有效地反映其真正的经济收益，普通投资者因为不了解公司的真实情况，为了保护自身利益就只能降低其支付意愿，提高股票的卖价并降低其买价。

前述研究成果主要基于成熟资本市场的考察，帕特尔等（Patel et al.，2002）则选取新兴资本市场作为其研究对象，在研究中他们发现，信息披露透明度较高的公司相比信息披露透明度较低的公司而言，其公司价值也显著较高，说明资本市场对公司信息披露水平有正面反应，信息披露透明度较高的公司在股票估价上获得了溢价效应。这一结论与前述基于成熟资本市场的考察得出的结论是一致的。

相对国外的研究而言，国内对信息披露的研究相对较晚，不过近年来随着我国资本市场实践的发展和研究水平的提高，这方面的相关研究成果也逐渐丰富。阎金鄂和李妹（2000）对资本市场上股票价格对信息的反应机制作了初步的理论研究，他们以公司的会计信息披露与其股价波动及资本市场效率之间的关系为研究对象，讨论了公司信息披露与资本市场效率之间的关系，指出信息披露的目标是提高资本市场的有效性。陈晓和陈淑燕（2001）以交易量的视角研究了信息披露的效果，研究发现股票市场对信息披露的反应是显著的，但未发现超常交易量与信息披露的显著关系。这说明了我国资本市场的效率距离西方成熟的资本市场还有一段差距，投资者的信息存在着不对称、不均匀分布的迹象。杨之曙和姚松瑶（2004）研究了沪市买卖价差和信息性交易的关系，发现成交活跃的股票的信息性风险低于交易冷清的股票的信息性的风险，运用回归分析进一步发现，信息性交易概率的差异可以解释成交活跃和消极的股票之间买卖价差的差异。张程睿和王华（2005）是我国极少数直接针对信息透明度及其经济后果进行研究的学者。他们用深交所上市公司年度信息披露考评等级作为信息透明度的替代变量进行配对研究，发现公司的信息透明度与股票风险呈负相关关系，而与股票日均收盘价呈正相关关系。董锋和韩立岩（2006）基于我国股市信息披露规则发生变化的背景，以深圳证券交易所上市公司数据为样本进行研究。实证结果表明，透明度的提高使得市场的流动性上升，交易成本和市场的波动性则显著下降，市场信息传递的效率也有所提高。吴战篪等（2008）以价量结合的修正马丁系数作为市场流动性的衡量指标，发现信息披露优秀与信息披露糟糕的公司，信息披露的前后流动性发生了较为显著的变化，通过进一步比较不同信息披露质量公司之间的流动性发现，信息披露越充分则市场流动性越好，市场会通过流动性奖励信息披露好的公司。陈继云（2007）发现公司透明度越高，上市公司的股票报酬更高，表明市场更加认同透明度高的公司，而透明度的提高也可以在一定程度上改善会计信息的价值相关性，印证了提高公司透明度可以减少公司、投资者等相关利益主体之间的信息不对称。

2. 信息披露对产品市场竞争的影响

信息披露的经济后果不仅是对资本市场的影响，也是对产品市场的竞争的影响。如果上市公司披露了与企业经营相关的信息，尤其是一些专有性强的信息，则由于他们披露的信息向全社会公开，因此其竞争对手也能够轻易地无成本地获得上市公司的这些经营信息，并有针对性地制定出相关的竞争策略，从而提高竞争对手在激烈市场竞争中的优势，对本企业不利。因此，上市公司在披露信息时必须要考虑所披露的信息对其竞争力是否有影响，有多大的影响。这方面的考察主要是利用不同的市场竞争模型来进行研究。达洛（Darrough，1993）较早从事这方面的研究，他从古诺竞争和伯川德竞争两种竞争类型出发，探讨了上市公司的信息披露策略与市场竞争的关系。他的研究表明，在这两种不同的竞争模型中公司的信息披露策略是不一样的，在古诺竞争中，公司会披露所有有价值的信息，但在伯川德竞争中，如果彼此呈竞争关系的企业之间生产具有良好替代性的产品，即产品同质性严重，那么上市公司倾向于减少与产品和竞争相关的信息披露。米建华和龙艳（2007）采用了另一种竞争模型，即双寡头产量竞争模型来进行研究。他们主要关注信息披露质量对市场竞争的溢出效应，研究发现上市公司信息披露质量越高，则在双寡头产量竞争模型中其最优决策为增加产量，因此导致公司的市场份额也相应地增加，均衡价格也会上升。米建华等（2008）进一步采用了 Hotelling 线性市场模型进行了相关研究。他们的研究表明信息披露质量与市场竞争之间在定价策略方面有密切关系。当上市公司信息披露质量较高时，根据博弈理论，竞争双方的最优决策都是降低价格；当上市公司信息披露质量较低时，竞争双方的最优决策都是提高价格。也就是说，信息披露质量的高低与市场价格呈负相关关系。在市场份额方面，当上市公司的信息披露质量较高时，其市场份额反而会下降；而当上市公司信息披露质量较低时，其市场份额会上升，也就是说，信息披露质量与市场份额之间也是负相关关系。通过他们的研究我们可以发现，信息披露质量的提高不利于提高上市公司的市场竞争能力。

3. 信息披露对资本成本的影响

由于企业是诸多契约缔结而成的结果，而债务融资又是其中的一种契约行为。在契约不完备的情况下，债权人不仅要求企业还本付息，还要求风险溢价的补偿。由于对未来预期的不确定性，加上信息不对称因素的影响，企业要想以低成本融通资金，就需要降低债权人对风险溢价的评估水平。因此，信息披露质量的提高在一定程度上可以缓解信息不对称影响，从而有利于降低债务融资成本。因此，信息披露质量与公司资本成本的关系已成为近年来研究的重点领域之一。戴蒙德和韦雷基亚（1991）认为，信息披露水平的提高能有效地降低不同投资者之间的信息不对称程度，增加公司股票的流动性进而导致投资成本的降低。进一步，提高公司信息披露质量有助于提高投资者对公司财务参数估计的准确度，降低股票回报率的预测风险，也可以降低公司的成本。博托萨（Botosan，1997）首先对信息披露质量与资本成本之间的关系进行了开创性的研究，发现对于那些分析师跟踪较少的公司而言，信息披露质量越高的公司其权益成本越低；但对于那些分析师跟踪较多的公司却没有发现类似的证据。可能的原因是当分析师跟踪较多时，自行设计的计量指标只考虑了年报信息披露而不能够反映信息披露的水平。森古普塔（Senguptat，1998）通过研究美国上市企业的相关财务数据，以企业发行债券的收益率、获得债务所需的总利息费用、对债务信用的评估作为债务成本的计量。研究表明，信息披露质量较高的公司发行债券所需的债务成本会更高，如果是市场波动比较大的公司，信息披露就更重要了。兰和伦德霍姆（Lang and Lundholm，2000）以权益再融资上市公司为研究样本检验了信息披露质量活动及其对股票价格的影响，发现在权益发行之前，公司披露得越多越容易引起股票价格上涨；信息披露的改善往往暗示公司以较低的成本发行债券。勒兹和韦雷基亚（Leuz and Verrecchia，2000）从德国的信息披露环境出发，实证研究了信息披露水平与资本成本中的信息不对称因素呈显著负相关。海尔（Hail，2002）基于瑞士公司复制了博托萨（1997）的研究方法，以瑞士银行机构设计的披露指数衡量公司的信息披露，选择强制性披露较少而自主披露较多的瑞士交易所上市公司为样本，发现信息披露质量与权益资本成本之间存在显著的负相关关系。布什曼和史密斯（2003）从理论上归纳出信息披露对权益资本成本影响的三个路径。路径一：高质量的信息披露能够帮助公司经理人和外部投资者降低对项目风险的不确定程度，从而降低获得与风险匹配的额外收益的要求，这就可以相应地降低公司的权益资本成本；路径二：高质量的信息披露有助于尽量减少各类群体间的信息不对称，从而减少逆向选择风险和流动性风险，因此也能够降低权益资本成本；路径三：高质量的信息披露使得外部投资者更加清晰地了解到公司的财务状况、经营成果、现金流量和经营风险，从而制约公司经理人利用其信息优势对外部投资者利益的掠夺，使得投资者减少其要求的风险补偿，进而能够降低公司权益资本成本。弗朗西斯等（Francis et al.，2004）以 1995～2001 年美国的上市公司为研究对象，发现在控制了 β 系数、公司规模和账面市值比等相关变量后，信息披露质量越差的公司股权融资成本越高。有学者以英国创业板上市公司为样本，将市场评级作为信息披露质量的代理变量，债务成本的代理变量用同期国债收益率与企业债券的综合收益率之差代替，也得出了信息披露质量与债务成本呈负相关关系的结论（Fan Yu，2005）。弗朗西斯等（2005）研究了自愿信息披露、盈余质量和资本成本，在无条件检验中发现更多的信息披露与更低的资本成本相联系，但是一旦控制盈余质量后，信息披露对资本成本的作用会大幅减少甚至完全消失。

在我国，最早进行相关的研究是汪炜和蒋高峰（2004），他们运用 2002 年前在上海证券交易所上市的 516 家公司数据，将临时公告和季报数量之和作为自愿信息披露水平指数，采用股利贴现模型计算样本公司权益资本成本，发现在控制了公司特征等相关变量后，提高信息披露水平能够降低公司的权益资本成本。王华和张程睿（2005）实证检验发现了投资者与 IPO 公司之间的信息不对称程度分别与公司 IPO 筹资直接成本、间接成本及总成本间存在显著正相关关系，结果表明公司 IPO 前信息披露越不透明，将承担越高的筹资成本。因此，IPO 前提高公司透明度，增加主动披露有利于降低筹资成本。曾颖和陆正飞（2006）采用剩余收益模型计算上市公司的股权融资成本，发现信息披露质量较高的样本公司边际股权融资成本较低，说明信息披露质量对其股权融资成本产生积极影响。进一步，黄娟娟和肖珉（2006）以 1993～2001 年我国证券市场进行股权再融资的上市公司为样本，深入考察了上市公司信息披露质量与公司权益资本成本的关系。结果表明，在控制相关影响因素后，上市公司信息披露质量与公司权益资本成本呈显著的负相关关系，提高信息披露的质量有助于降低公司的权益资本成本。吴文锋等（2007）以

2002～2004 年度深圳上市公司为样本，从时间角度比较了上市公司信息披露考核评级变化前后的资本成本变化，结果发现，提高信息披露质量并没有降低股权资本成本。晏艳阳等（2008）以深交所 2002～2005 年数据，发现信息披露质量对股权融资成本具有滞后效应，提高往年信息披露质量可以显著降低当年的股权融资成本，而当年信息披露质量却没有类似效果。

此外，有学者探讨了信息披露与公司价值之间的关系，资本成本的降低有助于提升公司的价值。布什曼和史密斯（2001）指出财务会计信息可以通过减少逆向选择和流动风险提高企业经济绩效。张宗新等（2007）直接检验了信息披露质量对于公司绩效的影响，研究发现信息披露质量与公司绩效之间存在显著的内在关联性，信息披露质量较高的公司，其市场表现和财务绩效也都较佳。张宗新和朱伟骅（2007）的研究也表明信息披露质量与公司价值存在正相关关系。杜兴强和周泽将（2007）以布什曼和史密斯（2001）提出的理论为基准进行实证研究，使用深圳证券交易所对于上市公司信息披露考评的结果作为财务会计信息质量的代理变量，结果表明高质量的财务会计信息可以显著地促进企业经济绩效的提高，并且支持了公司治理是财务会计信息影响企业经济绩效的重要途径之一。

2.5 文 献 评 述

关于公司治理对公司债务融资成本的影响的研究近年来有所增加（胡国柳和彭远怀，2018；类承曜和徐泽林，2020）。进一步，国内外相关研究从宏观和微观两个层面对于信用利差的影响因素进行了广泛地探讨，为我们全面理解公司债信用利差的形成机制提供了充分的理论参考和依据。特别是在公司债信用利差形成的微观影响因素方面，众多学者普遍认可公司治理机制的积极作用，认为完善的公司治理体系能够有效降低公司债信用利差（张瑞纲和潘玥，2022；阮青松等，2022）。

通过梳理以上关于我国信用利差的相关文献可以看出，学者对信用利差影响因素的研究已有较多，大部分是从宏微观两大方面来研究，有的学者从债券本身的特征影响因素出发，也有学者从公司规模、财务情况、信息不对称角度进行研究。但是在我国资本市场的制度背景下，董责险如何直接影响信用利差的研究还是相对缺乏。

一方面，信息披露的实质是为了解决资本市场中因两权分离所产生的不对称问题，处于信息劣势的外部使用者需要通过信息披露缓解不对称的程度。随着上市公司信息披露质量的提高，市场的参与者能够平等地获得相关的信息，提高他们决策的效率，进而有效地保护他们的合法权益。关于信息披露质量与公司债信用利差之间的关系，学者得出了相对统一的结论，即信息披露质量越高，信息透明度越高，满足了债券投资者对于发债企业会计信息稳健性的要求，进而会降低债券的信用利差，缓解企业融资约束。现有的文献主要集中在资本市场领域，对企业内部的研究相对较少。进一步，目前尚未有文献把信息披露质量作为中介效应，研究其对董责险与信用利差之间关系的影响，这也是本书要重点探讨的问题，并进一步对现有文献进行补充。鉴于此，本书基于信息披露质量的视角研究董事高管责任险对公司债信用利差的影响，既可以为研究保险治理与公司融资成本提供新的视角，丰富相关文献，也有助于为加强信息披露监管提供理论基础和经验证据，并为相关部门的决策提供参考。

另一方面，国内外学者在董责险是发挥了"兜底"效应，使企业管理层更加"率性而为"，降低了公司治理效率；还是充当了外部监督者，发挥了监督效应使管理者更加规范谨慎地履职，提升了公司治理水平这一问题仍未取得比较一致的结论。其原因可能是：（1）经济制度背景不同。学者对于不同国家的经济政策从不同的角度进行了研究，得出董责险发挥作用的机制不同，进而造成了不同的影响结果。（2）董责险发展的程度不同。国外推行董责险治理制度比较早，发展较完善，而我国董责险发展相对滞后，造成国内对于董责险相关信息较难获取；国内由于信息披露的不对称，普遍将上市企业是否购买董责险作为解释变量，而国外由于发展完善、数据可得性较高，还会将董责险的保费、保险范围、投保比例纳入实证分析，研究角度更多样化，这也会对结果产生影响。（3）变量选取的不同。学者们采用不同的调节变量、控制变量和中介变量进行实证分析，这可能使结果产生较大的差异。因此，本书进一步分析董责险的治理效应结果，对上市公司的经营发展具有参考意义，也是本书研究的重点内容。

同时现有文献关于上市公司购买董责险后究竟会提高还是降低信息披露质量的结论尚未达成一致意见。现有研究发现，信息披露质量作为反映公司治理的重要因素，不论是通过公司内部治理的角度研究，还是从引入保险公司作为外部利益相关者的层面分析，都会对公司的会计信息质量产生不同的影响。本书在此基础上将进一步分析董责险作为一种新型的治理机制，究竟会对信息披露质量产生何种影响。

基于此，本书结合已有的文献基础与我国经济市场特点，实证检验董责险对于公司债信用利差的影响，并引入信息披露质量作为中介变量，分析其中的作用机理，对以往的研究结论做出拓展，希望丰富董责险、信息披露质量、公司债信用利差三者的文献研究，完善和拓展相关的理论体系。

第3章　概念界定与理论基础

3.1 概念界定

本节主要对本书所涉及的关键术语和概念进行具体的界定，包括董责险与董责险治理、公司债信用利差、信息披露质量等。

3.1.1 董责险与董责险治理

1. 董责险的概念

董责险，全称为"董事、监事及高级管理人员责任保险（directors' and officers' liability insurance，D&O insurance）"[①]，是一种专为公司的董事、监事和高级管理人员设计的保险产品。该保险旨在保护这些管理人员在履行管理职务或雇员职责过程中可能面临的因过失行为导致的经济赔偿责任，特别是在信息披露、公司治理、决策执行等方面的职业风险。它与医疗职业责任保险、律师责任保险、会计师责任保险等相同，是职业责任保险项目下最重要的子险种之一。

董责险发源于20世纪30年代的美国，其产生的现实基础是随着股东代表诉讼的盛行和证券监管机构处罚力度的不断增强，董事和高级职员普遍感到自身的经营责任风险日趋增大，面对这种情况，公司的薪酬制度和补偿机制已经不能为董事和高级职员提供有效的保护，董事及高管急需一种保险产品，以转移其因在履职过程中的不当行为而依法应承担的民事赔偿责任。于是，越来越多的公司将注意力转向具有危险分散和损失分担功能的董事责任保险，英国伦敦劳合社在美国率先推出了为公司董事和高级职员设计的董事

[①] 实务中的董责险、董事责任险、董监高责任险、董事高管责任险、董监事及高级管理人员责任保险、D&O insurance 等，都是指董责险。

责任保险项目，董责险应运而生并成为一种成功的商业模式迅速发展。董事责任保险制度在多数发达国家已有丰富的实践和立法经验。以《美国特拉华州普通公司法》为例，该法第 145 条第 g 款规定了公司有为其董事、高级管理人员等购买和持续拥有保险的自由。被保险人的主体范围不仅涵盖了本公司的董事、高级管理人员、雇员或者代理人，还包括应公司的要求担任其他公司、合伙、合资企业、信托或者其他企业董事、高级管理人员、雇员或者代理人职务的人员。在德国，起初饱受争议的董事责任保险制度逐渐被接受，2009 年《德国股份公司法》修订中引入了董事责任保险"强制性自我承担比例"的规定，从而消除了对董事责任保险的合法性质疑。如今董事责任保险在德国的上市公司中已经成为董事或监事任职的标准物质条件，而且在非上市公司中也非常普遍。尽管董事责任保险制度在诸多国家的发展历程并非一帆风顺，但是如今其在多数成熟市场中仍然广受欢迎，逐渐得到了证券界的青睐，并成为保险公司的一项重要业务。伴随着董责险的产生和发展，特别是由于各国法律制度的不同，不同国家对于董责险及董责险治理的界定和理解也日趋显示出一定的差异。

美国学者从狭义和广义两个角度对董责险进行了界定。狭义上的董责险是指由公司或者公司与董事共同出资引入，当被保险董事在履行职责过程中因存在疏忽或者其他违反对公司所负信义义务之行为而被追究个人责任时，由保险人负责赔偿该董事进行责任抗辩所支出的有关法律费用并代为偿付其应当承担的民事赔偿责任的保险；广义上的董责险除上述内容外，还规定保险人应当负责赔偿公司应当承担的赔偿责任（Chalmers et al.，2002）。

英国特许保险协会（Chartered Insurance Institute，CII）将董责险定义为董事、监事及高级管理人员责任保险。这种保险产品专为公司的董事、监事和高级管理人员设计，旨在保护这些管理人员在履行管理职务或雇员职责过程中可能面临的因过失行为导致的经济赔偿责任，特别是在信息披露、公司治理、决策执行等方面的职业风险，旨在为公司董事、监事和高级职员对第三方的经济损失应负的责任提供保障（邓晓辉和李好好，2002）。

中国平安财产保险股份有限公司在《董事、监事和高级管理人员责任保险条款》第三条第（一）款中规定：如果第三方以被保险个人（董事、监事和高级管理人员）在自追溯日起至保险期间终止日止的期间内以被保险个人的身份执行职务时的错误行为为由，在本保险期间内向被保险个人提出索赔，且其首次提出索赔的时间是在本保险期间内，对于被保险个人的损失，在被保险公司无义务或无能力补偿被保险个人时，保险人在被保险公司无法补偿的范围内负责赔偿。①

本书借鉴我国学者许荣和王杰（2012）的研究，将董责险定义为：由公司单独或者公司与董事、监事以及高级管理人员共同出资引入，对被保险董事、监事以及高级管理人员在履行公司管理职责过程中，因被指控工作疏忽或行为不当（其中不包括恶意、违背忠诚义务、信息披露中故意的虚假或误导性陈述、违反法律的行为）而被追究其个人赔偿责任时，由保险人负责赔偿该董事、监事以及高级管理人员（可能还包括上市公司）进行责任抗辩所支出的有关法律费用并代为偿付其应当承担的民事赔偿责任的保险。

2. 董责险的保障范围

（1）董责险的被保险人范围。

企业引入董责险治理通常是为了降低公司董事（含独立董事）、监事以及高级管理人员的履职风险，激励这些人员积极履职、放心大胆进行科学决策。通常而言，在引入董责险治理时，投保公司会与保险公司商定董责险治理被保险人的范围，不同公司所引入董责险治理的被保险人范围可能会存在一些差异。一般意义上，董责险的被保险人范围包括但不限于以下几类人员。

第一类，现任、前任及继任董事、高级管理人员、监事及独立董事。这些人员包括在公司或其子公司任职的董事、高级管理人员、监事及独立董事。

第二类，配偶、继承人或法定代理人。上述人员的配偶、继承人或法定

---

① 资料来源：平安董事、监事和高级管理人员责任保险条款［EB/OL］.（2023-5-5）ht-tps://www.iachina.cn/col/col3701/.

代理人也可能被纳入董责险的保障范围。

第三类，公司的外部董事。因董事及高管不当行为而向此等人士提出的连带索赔可扩展至承保公司的外部董事。

（2）董责险的责任范围。

从董责险的定义可知，董责险治理的保险范围通常是公司董事（含独立董事）、监事以及高级管理人员①在履职期间因工作疏忽或行为不当（其中不包括恶意、违背忠诚义务、信息披露中故意的虚假或误导性陈述、违反法律的行为）所导致的抗辩费用和民事赔偿责任。从国内外的保险立法和实践、董责险治理的定义可以看出，通常只有那些因董事、监事以及高级管理人员在履职期间所实际发生的或者被他人指控的疏忽、错误、遗漏、过失或者其他违反义务的行为才能被纳入保险的责任。

董责险在海外诞生之初，包括引进我国之时，被称为"董监高责任险"，主要目的是保障董监高等高级管理人员的履职风险，起到风险转移的作用。但经过多年发展，保障范围除了董监高之外，还包括了一些行政职务不太高但实际上负责监督和指导工作的人。目前，我国的董责险产品不仅仅限于高管，只要投保公司的雇员在整个事件中有管理职责，一旦出现了问题也可以覆盖。虽然我国保险公司所推出的董责险治理在保险合同格式、具体合同条款等方面与国外存在一定的差异，但以下事项通常均不属于董责险治理的保险责任范围。

第一，被保险人在履职期间发生的内幕交易、欺诈、贿赂等违法犯罪行为，不属于董责险治理的保险责任范围。这有利于防止个别人员或董监高因为有了保险的保障而进行违法犯罪行为。

第二，被保险人在履职期间的故意行为所导致的损失不属于董责险治理的保险责任范围。我国《公司法》（2023 年修订版）第一百八十条明确规

---

① 需要说明的是，董责险的保险范围有可能不包含监事，也就是说董责险具体的保险范围通常由保险双方协商确定。

定，董事、监事以及高级管理人员对公司负有忠实义务和勤勉义务，同时，第一百八十一条以"列举+兜底"的方式规定了包括挪用公司资金、利用职权贿赂、收取交易佣金、披露公司秘密等在内的多种行为属于违反忠实义务的行为。由于上述行为侵犯了公司的利益，具有较强的主观故意性，通常被排除在董责险治理的保险责任范围外。

第三，董责险治理作为一种财产保险，适用损失补偿责任，其主要承担民事损失补偿，具有法律惩戒作用的惩罚性民事赔偿、行政罚款不属于董责险治理的保险责任范围。

在保险实践中，董责险治理的保险责任范围通常依据保险公司与客户所签订的保险合同条款来确定。保险公司通常会在保险合同中设置保险责任条款、免责条款等条款来约定保险责任范围。然而，需要说明的是，由于受到法律制度的不完备、保险合同条款设置不当、业务复杂程度以及管理层行为隐蔽性等诸多因素的影响，在保险实践中对于管理层行为属于"主观故意"还是属于"主观过失"可能会存在争议。这在一定程度上影响了保险责任的认定以及董责险治理在实践中的应用效果，同时也是导致董责险在我国上市公司中引入率不高的一个重要原因。

3. 董责险治理

作为一种具有危险分散和损失分担功能的保险工具，董责险首先产生于美国，成为了一种成功的商业模式迅速发展，目前已在欧美地区被广泛应用，且在上市公司财务决策中被给予了充分考虑。迈耶斯和史密斯（Mayers and Smith，1982）最早创新性地提出公司购买公司财产保险后将显著降低公司破产成本，从而有助于降低公司和外部投资者之间的代理成本。詹森（Jensen，1993）认为，公司引入董责险可以在高管决策失误的时候为高管减轻责任，为公司减少损失，高管也会因为比较看重董责险为自己的失误兜底这一特点而加入公司，更利于企业吸收集聚优质人才，从而获得更好的发展。科尔（2000）认为，接受投保的保险公司具备专业的评估风险的能力，且它有着足够的动机去衡量与控制投保公司的治理风险。奥沙利文（O'Sullivan，

2002）认为，承保前，接保公司对投保公司的调查与承保后可以吸引更优秀的员工做出更好的监督作用，所以董责险比其他内部监督机制监督范围更广，作用更持久。贝克和格里菲斯（2007）认为，高管可能会为了规避失败，避免让自己因为失败而承担不好的后果，所以采取对公司未来发展不利但是极其保守的决策，董事高管责任保险可以消除高管的顾虑，让其做出最利于公司发展的决策。这是因为，由于承保企业需要对承保公司高管的决策失误买单，所以承保公司与购保公司签订董事高管责任保险之后，承保公司有资格和立场去对购保企业的高管的行为进行监督，防止高管利用自己手中的权力谋私利从而诱发舞弊行为。博耶和斯特恩（Boyer and Stern，2014）认为，当公司由于高管的不当决策而遭受损失时，承保公司能够作为一个兜底付款人，可以保证公司的可持续运营，对于企业利益相关者来说，也可以保障他们的利益。胡国柳和宛晴（2015）研究发现，上市公司认购董事高管责任保险能在一定程度上对高管的利己行为有一定的监督约束作用。胡国柳和彭远怀（2017）探究了董事高管责任保险对企业债务成本的治理效用。实证结果表明，企业购买董事高管责任保险后债务成本显著降低。

查尔姆斯等（Chalmers et al.，2002）在他们的研究中发现，公司上市前两年在资本市场的股价走向不好时，公司高管想要引入董责险的欲望更强烈，所以高管会拿董责险来进行兜底，很可能诱发高管的投机行为。邹和亚当斯（Zou and Adams，2008）在他们的研究中发现，当公司因为大股东的不当行为面临小股东及公司的利益相关者的起诉时，公司高管会特别想去引购董责险。所以，很多学者认为公司为了帮高管们逃避责任而决定去购买董责险，但是购买董责险的行为会让高管觉得有保障，甚至可以为了自己的私利，利用手中的权力进行肆无忌惮的舞弊操纵。邹（Zou，2010）在他的研究中发现，公司认购董事高管责任保险的购买量与公司价值之间表现出倒 U 型关系，董责险的购买会为公司增加价值，但是当购买达到一定量后，不能再为公司带来额外的经济效益，反而因为保费的增加而使公司价值下降。胡国柳和赵阳（2017）研究表明，董事高管责任保险的引入，会使公司信息粉饰程度更高。博尔顿和卡斯帕奇克（Bolton and Kacperczyk，2021）研究认为，高管可能为了自己的私利，会利用手中的权力做出一些经营决策，例如，公司进行信息披露时，会通过对信息进行粉饰包装向外界传递好的信号，此时公司股价会有所上涨，高管可以对公司股份进行买卖获得收益。

4. 董责险在我国的发展历程

董责险起源于美国，随着 1993 年《证券法》的通过，美国上市公司董事和高管人员需要承担的风险增加，在此背景下开启了该险种的先河。而在我国 2002 年颁布的《上市公司治理准则》中明确规定上市公司高管的民事赔偿责任后，我国上市公司首次引入董责险。据不完全统计，目前平安产险、太保产险、人保财险、国寿财险、中华联合财险、阳光财险、众安在线、大地财险、美亚财险、苏黎世财险、华泰财险、京东安联财险等十几家保险公司已经开展了董责险业务①。随着我国法律制度的不断完善，以及公司管理层被诉讼和索赔的风险不断提高，董责险在 21 世纪初被我国企业所引入，并逐步得到我国企业的认可和青睐。

在 21 世纪之前，由于受到法律法规的限制，投资者仅能对上市公司而不能对上市公司董事高管提起诉讼和索赔，此时，上市公司董事高管并不需要为自己履职期间的行为承担个人民事赔偿责任。2001 年 8 月 16 日，我国证监会发布了《关于在上市公司建立独立董事制度的指导意见》，该意见提出了上市公司可以建立独立董事保险制度。在美国安然公司破产案的启示下，为了更好地保护投资者利益，2002 年 1 月 7 日，我国证监会和国家经贸委等部门联合发布了《上市公司治理准则》，该准则首次通过法律的形式规定公司董事、监事、经理履职过程中因违反法律法规和公司章程而给公司和投资者造成损失的，应承担赔偿责任。《上市公司治理准则》的出台标志着我国民事赔偿制度的建立，大大提高了管理层的履职风险和赔偿责任。2002 年 1 月 15 日，最高人民法院发布《关于受理证券市场因虚假陈述引发的民事侵权

---

① 根据 Wind 数据库相关内容整理而得。

纠纷案件有关问题的通知》，规定了投资者可以依法对实施侵权行为的机构和个人提起民事赔偿诉讼，并进一步明确和强化了上市公司董事高管在证券交易信息披露中的相关民事赔偿责任。

民事赔偿制度的建立以及投资者保护相关法律制度的陆续出台，虽然在一定程度上减少了管理层财务舞弊、超额在职消费等违法违规行为发生的概率，但也可能使管理层在履职期间因工作失误或行为不当等工作过失而面临诉讼和民事索赔。高额民事索赔的可能性可能会大幅降低管理层的工作积极性和创造性，引发管理层在履职过程中出现诸如畏首畏尾、消极怠工、偷懒等新的委托代理问题，最终对股东财富和公司价值造成损害。根据解决代理问题的一般思路，企业可以通过建立或完善激励和监督等公司治理机制以激发管理层工作的积极性和创造性，从而解决代理问题。就传统的激励机制而言，薪酬激励可以在一定程度上提高管理层履职的积极性和创造性，但也可能通过诱发管理层的短视行为从而加剧代理冲突（吴育辉和吴世农，2010；许荣和王杰，2012；王岚和顾海荣，2022）。股权激励虽然可以在一定程度上避免薪酬激励导致的管理层短视等代理冲突，但却可能带来诸如管理层利用自身权力自定股权激励方案等新的代理问题（吕长江等，2011；刘斌等，2021）。作为企业传统的两大监督机制，董事会和监事会被赋予了较高的监督职能，但由于我国董事会和监事会独立性不足等问题，导致其监督效果均难以保证（Wu et al.，2016；凌士显和白锐锋，2017；关鑫等，2021）。外部审计这一外部监督机制虽然可以对董事会和监事会等内部监督机制形成有益的补充，但也往往因独立性不足等问题而引发审计失败（秦荣生，2002；胡国柳和宛晴，2015）。在上述传统公司治理机制的激励和监督效果并不理想的情况下，找寻其他公司治理机制以期更好地对管理层进行激励和监督，成为解决代理问题的一个重要选择。作为对薪酬激励、股权激励、董事会、监事会以及外部审计等传统公司治理机制的有益补充，并进一步提升对管理层的激励和监督效果，2002 年中国平安与美国丘博保险集团联合为万科股份有限公司董事长提供了我国第一份董责险保险业务。2002 年 1 月 24 日，中国平安保险股份有限公司与美国丘博保险集团，推出国内第一份中文条款的董事和高管责任险，万科董事长成为该险的第一位被保人，累计赔偿限额 500 万元①。这标志着董责险被成功引入我国。随后，中国人保、美亚保险、美国联邦、华泰财产等保险公司在同年相继推出了董事及高管责任险业务，而国内许多大型国企，如中国石化、中国移动、工商银行、中国银行、北大高科、云南白药等企业相继投保。

虽然《中华人民共和国公司法》（以下简称《公司法》）和《中华人民共和国证券法》（以下简称《证券法》）明确对董事、监事和高级管理人员所能行使的权利和承担的职责做出规定，但对董监事及高级管理人员的具体民事责任规定却不够清晰。在实际的司法实践中，实际投资者权益受到侵害时，起诉的常常是上市公司或大股东，国内董监事及高级管理人员并没真正形成问责主体，董监事和高级管理人员很少被问责。另外，投资者提起诉讼必须以监管部门的行政处罚为前提，间接抬高了投资者的起诉门槛，再加上诉讼成本高，预期赔偿低等因素，许多中小投资人往往会选择忍气吞声，因此，国内企业董事及高级管理人员面临的诉讼和赔偿的风险相较于西方发达国家要低很多。因此，虽然不少大型国企都有购买董事及高管责任险，但董责险未能引起资本市场的足够重视，就国内上市企业整体的购买率而言，上市公司引入董责险的比例很低。据相关统计，2011 年国内 2000 多家上市公司中，仅有 100 余家公司投保董事及高管责任险，投保率不足 5%，而美国同期董事及高管责任险的投保率却高达 95%②。

为了进一步推动我国保险事业的发展，2006 年国务院发布了《国务院关于保险业改革发展的若干意见》，并提出要大力发展董事高管责任保险等责任险、加快保险业改革进程。虽然我国在 2002 年就有不少上市公司开始投保董事及高管责任险，但是保险公司进行理赔的案例还是较为少见，直到 2011

---

① 资料来源：关于平安　历史和大事记［EB/OL］. http：//www. pingan. cn/about/history – 2002. shtml。

② 根据 Wind 数据库相关数据整理而得。

年才出现第一例董责险赔偿案例。2011 年，广汽长丰因公司证券虚假陈述向李某等 15 名原告给予一次性补偿并承担了诉讼费用，金额合计 98 万元。由于该公司已引入董责险，美亚财产保险向广汽长丰支付了 80 万元，赔付比率占到了总金额的 81.63%①。这一案例开创了董责险在我国理赔的先河。为了促进董责险等职业责任保险在我国资本市场中的发展，2014 年 8 月，国务院印发了《关于加快发展现代保险服务业的若干意见》，将发展与推广董责险等责任保险纳入我国全面深化改革布局的一项重要任务当中。为了进一步规范证券发行和交易，更好地保护投资者合法权益，维护社会经济秩序和社会公共利益，十三届全国人大常委会第十五次会议对《证券法》进行了修订。与旧版《证券法》相比，新版《证券法》提高了上市公司及其管理层的违法违规成本，加强了对投资者的法律保护。在此背景下，我国上市公司及其董事高管面临的履职风险和证券民事赔偿责任急剧上升。2020 年，瑞幸咖啡被曝出因巨额财务造假而被市场监管总局处以 6600 万元的天价处罚②；2021 年，康美药业的五位独立董事均被判处承担上亿元的民事赔偿连带责任③。这些巨额处罚事件不仅引发了上市公司引入董责险治理的热潮，而且也引起了公众对董责险治理经济后果的热烈关注。

表 3.1 列示了 2002～2024 年我国上市公司引入董责险治理的年度分布情况。从表中我们可以看到，自 2002 年我国首次引入董责险，二十多年时间里，购买董责险的上市公司由 26 家增长到 475 家，占 A 股上市公司的比重由 2.15% 上升到 8.83%，董责险投保的上市公司数量和占比处于稳步向上的发展过程中。总休来看，2002～2019 年，我国购买董责险的上市公司数量和占

---

① 资料来源：《广汽长丰汽车股份有限公司 2011 年半年度报告》和董事责任保险的亲密接触 [EB/OL]. (2015-12-26). http://epaper.stcn.com/con/201512/26/content_1768660.html.

② 资料来源：市场监管总局对瑞幸咖啡（中国）有限公司、瑞幸咖啡（北京）有限公司等公司不正当竞争行为作出行政处罚 [EB/OL]. (2020-9-22). https://www.samr.gov.cn/xw/zj/art/2023/art_35d6f5cb3f294e22aba839a8a601b4ef.html.

③ 资料来源：[保护少数投资者] 康美药业证券虚假陈述集体诉讼案判决 [EB/OL]. (2021-11-12). https://www.gzcourt.gov.cn/other/yshj/sfdt/dxal/2022/01/17094641139.html.

比变化态势较为平稳，虽然某些年份略有下降，但是整体的购买趋势还是向上的；从 2020 年开始，我国购买董责险的上市公司数量和占比则出现了大幅的增长，一跃从 2019 年的 39 家攀升至 2020 年的 184 家，直至 2024 年的 475 家。可能的原因在于，2020 年新《证券法》与 2023 年新《公司法》陆续施行，我国上市公司及其董事高管面临的履职风险和证券民事赔偿责任急剧上升，特别是近几年的天价赔偿案件对董责险在 A 股市场渗透率的快速提升起到了很大的推动作用。

表 3.1　　　2002～2024 年我国上市公司购买董责险的年度分布情况

年份	购买董责险的上市公司数量（家）	A 股上市公司数量（家）	购买董责险的公司占比（％）
2002	26	1207	2.15
2003	17	1269	1.34
2004	9	1358	0.66
2005	8	1354	0.59
2006	11	1437	0.77
2007	20	1551	1.29
2008	15	1605	0.93
2009	21	1755	1.20
2010	20	2109	0.95
2011	29	2343	1.24
2012	39	2472	1.58
2013	38	2517	1.51
2014	44	2635	1.67
2015	38	2826	1.34
2016	41	3121	1.31
2017	49	3498	1.40
2018	64	3592	1.78
2019	39	3798	1.03

年份	购买董责险的上市公司数量（家）	A 股上市公司数量（家）	购买董责险的公司占比（%）
2020	184	4251	4.33
2021	303	4673	6.48
2022	401	5012	8.00
2023	354	5346	6.62
2024	475	5381	8.83

资料来源："A 股上市公司数量"来源于 CSMAR 数据库；"购买董责险的上市公司数量"由作者通过手工搜索董事会公告、股东大会公告中有关上市公司董责险投保规模和保费的相关数据整理而得，并与各年度《中国上市公司董责险市场报告》和中国研究数据服务平台（CNRDS）发布数据进行核对和补充。

值得注意的是，虽然近几年来，董责险"热度"有所提高，市场前景看好，但 A 股上市公司目前的投保覆盖率尚不足一成，与欧美超九成的保险覆盖率相比，董责险在我国尚属萌芽阶段，其发展过程还任重道远。想要促进董责险在我国更好地发展，需要在产品标准化、本土化等方面持续发力，同时需不断完善配套制度，如制定董责险行业示范条款、降低交易成本、提升公司投保意愿，才能进一步激发其发展的空间和潜力。

3.1.2　公司债信用利差

1. 公司债的界定

债券是经济主体为了筹措资金而发行的一种有价证券，是发行人向投资者承诺在一定期限内还本付息的债务凭证。按照债券发行人的性质，债券可以分为国债、地方政府债、金融债和公司债。在国际债券市场上，公司发行的债券统称为"公司债"，没有"企业债"的概念，企业债是我国特有的债券种类。本书的研究对象是公司债，因此有必要对企业债和公司债作一个区分。

根据《中华人民共和国企业债券管理条例》（2011 年修订），企业债是指中华人民共和国境内具有法人资格的企业在境内依照法定程序发行、约定在一定期限内还本付息的有价证券，在沪深交易所和银行间债券市场进行交易。企业债主要由中央政府部门所属机构、国有独资企业、国有控股企业发行，发债主体的限制较为严格，企业债的发行并非完全依赖企业自身的信用，而是隐含了"国有"机制的担保作用。根据《中华人民共和国公司法》（2018年修正），公司债券是指在我国境内设立的有限责任公司和股份有限公司依照法定程序发行、约定在一定期限还本付息的有价证券。公司债券的发行主体为上市公司或非上市公众公司，经证监会核准后，在交易所债券市场发行。综上所述，在我国，公司债券和企业债券的内涵是一致的，但发行主体不一致。公司债券分为一般公司债券和私募债券，考虑本书的研究对象主要是上市公司的一般公司债券，若无特别说明，下面的"公司债"即指一般公司债券。

我国现行的债券市场以场外市场（银行间债券市场）为主、场内市场（交易所债券市场）为辅，并分别由中国人民银行和证监会负责监管。但对具体债券品种的发行监管则呈现多部门分品种监管的局面，即中华人民共和国国家发展和改革委员会负责企业债，企业债可以同时在银行间市场和交易所市场上市，是唯一可以跨市场发行的信用债品种；银行间市场交易商协会负责中期票据、短期融资券、定向工具、集合票据、资产支持票据、项目收益票据等品种；证监会负责的监管对象主要是公司债（包括一般公司债和私募债)①。2015年1月，证监会发布新的《公司债券发行与交易管理办法》，对公司债的发行群体不再限定于上市公司，而是扩展至所有的公司制法人，给公司债的扩容带来重要契机。

2. 公司债信用利差的界定

公司债作为企业遵循法定程序所发行的有价证券，是发行债券企业与债券投资者之间债权债务关系的法律凭证。投资人购买公司债后，即成为公司

---

① 公司债主要由股份有限公司或有限责任公司发行，属于公司的法定权力范围，发行成功与否由市场决定。

债主体的债权人，公司应按照合同约定的时间和期限向投资者支付利息并偿还本金。若公司在经营过程中遇到问题，不能按时足额地向投资者支付利息和本金，那么投资者就面临公司违约的风险。公司针对这部分风险所做出的额外补偿就是信用利差。

信用利差衡量了公司信用债因潜在违约风险而预期产生的损失的指标，通常表现为信用债到期收益率与市场无风险收益率之间的差额，旨在补偿投资者承担的债券信用风险。国债被认为是最接近无风险利率的投资工具，因此学术界和业界通常采用国债收益率来代替无风险利率，信用利差即为信用债券的到期收益率与相应期限的国债到期收益率间的差值。

信用利差可以拆解为期限利差和广义信用利差两部分，其中广义信用利差分为狭义信用利差和流动性溢价，而狭义信用利差则主要反映了市场对于公司债券违约的担忧。信用债利差的形成机理是一个复杂的过程，它涉及无风险债券收益率、违约风险溢价和流动性溢价的综合影响。违约风险溢价是信用利差的重要组成部分，其主要源于经济环境、行业前景、债券发行人的财务状况等。一般说来，较低的评级和较高的风险溢价通常对应较高的信用利差。此外，流动性溢价也会对信用债利差产生影响，流动性较差的债券通常需要提供更高的投资回报。除此以外，公司债信用利差还受宏观经济周期和发债主体微观经营状况等多方面因素的影响。因此，信用利差作为债券投资者权衡投资风险和回报的变量，是衡量公司融资成本的重要指标。方红星等（2013）的研究揭示了，信用利差能够有效反映公司债价格中针对投资者风险补偿的溢价部分，进而彰显公司债券自身的投资价值。同时，信用利差是对债券定价和风险管理的基础，代表了企业在债券市场融资中所需支付的风险溢价（王雄元和高开芳，2017；韩鹏飞和胡奕明，2015；黄振等，2021）。因此，了解信用利差的影响因素对于债券市场参与者来说是至关重要的。这种认识不仅有助于债券发行人改进定价，从而提高公司债券市场效率，而且对于政策制定者制定审慎措施以控制债券市场信用风险尤为重要。

综上所述，对信用债利差的形成机理进行深入研究，不仅可以帮助投资者改善风险管理和提高债券资产的流动性，还对债券市场的效率和金融体系的稳定性具有重要影响。因此，进一步探索信用债的定价机制和影响因素对于理论和实践都具有重要意义。

3.1.3 信息披露质量

信息是保障资本市场健康运行的关键要素，各国资本市场设定上市公司信息披露制度，旨在降低资本市场中信息不对称程度。同时，对投资者利益的保护问题是各国证券监管工作的重心，其中公开信息披露制度由于能够保障投资者对上市公司信息的知情权，为投资者提供公平的投资环境而成为各国一项重要的投资者保护手段。信息披露质量，是指上市公司向社会大众公开其经营、财务状况时，所达到的披露信息的质和量。

关于信息披露质量的概念界定，由于学者们研究的角度不同，给出的具体论述也不尽相同，目前学术界和实业界还没有给出一个统一的标准或定义。信息披露质量是一个比较抽象、综合的概念，很难去进行准确的量化。以往学者对信息披露质量的衡量一般是选择会计信息质量的某一个特征指标，例如，通过信息披露的数量来考察信息的充分性；通过信息披露的时间来考察信息的及时性；或者通过考察其是否有差错来看信息是否可靠；还有的通过分析盈余质量来评判信息披露质量的高低；等等。从国内外已有的研究文献来看，对于信息披露质量的衡量，目前主要有以下三种衡量方法：一是直接使用某些权威机构发布的评价结果作为信息披露质量的替代指标；二是研究者自行构建信息披露指标体系进行衡量；三是选择某些能反映公司信息披露质量的特殊指标作为信息披露质量的替代指标，如盈余质量指标、信息披露次数等。

1. 权威机构发布的评价结果

（1）标准普尔公司（S&P）的"透明度与信息披露评级"。

2001年，标准普尔公司推出了"透明度与信息披露评级"方法。该方法主要是对标准普尔公司所关注的上市公司年报披露的信息进行打分。在评鉴过程中，标准普尔公司共使用了 98 项指标，并大致可分为三大类：反映所有权结构与投资者权利透明度的指标（28 项），反映财务透明度与信息披露程度的指标（35 项），反映董事会与管理结构及过程的披露程度的指标（35 项），利用这三大类 98 项指标形成一套衡量信息透明度的指标评价体系。针对每一个指标，如果上市公司年报中披露了该指标所反映的信息，则记 1 分，否则得分为 0。最后对每项指标得分情况进行汇总，得出该公司总体的评分。得分越高的公司，说明年报中披露的信息越多，从而信息披露质量也就越高。

标准普尔公司的评价方式客观、简便、涵盖面广，便于研究人员据以分析样本公司并对评级结果进行检验或对所关注的特定问题进行分析，然而也存在一些缺陷。首先，该评价方法只关注公司的年度报告，却忽略了其他的信息报告形式；其次，该评价指标体系没有考虑信息本身是否真实、可靠；最后，该评价体系对所有指标一视同仁，这也使该评价体系整体的有效性不足。

（2）美国投资管理与研究协会（AIMR）的披露指数。

美国投资管理与研究协会是一个美国证券分析员、投资经理和其他参与投资决策专业人员的专门组织。20 世纪 80 年代，该协会设计了一套对上市公司信息披露水平进行综合评估的指标体系。此后，AIMR 每年都会对该评估体系进行改进和完善，并将其利用该评估体系所得出的对上市公司信息披露行为的评级报告对外公布。该指标体系将公司公布的信息分为三类：年报公布的信息、季度和其他自愿披露的信息、投资者关系的信息。另外，专家委员会的成员还要确定这三类信息的具体评价标准和权重，并做出该行业重要信息披露项目的列表，并为每个企业进行评分。随后，由专家委员会的分析师对上市公司披露的信息及时性、详细程度和明晰程度进行打分和排名。一个公司的总分数就是三类信息分数的加权汇总值。

美国投资管理与研究协会报告具有一些特别的优势：首先，AIMR 报告是由专业的行业分析师来分析完成，这在一定程度上保证了评价结果的专业性和权威性；其次，AIMR 评分系统不仅对公司正式披露（如年报、季报等）

的信息质量进行了评价，而且对一些非正式披露（如分析师与管理层的沟通等）的信息的质量也进行了评价，从而使投资者和研究人员可以根据自己的需要从不同方面去判断公司的透明度；最后，在评鉴过程中，专家委员会的成员还要确定这三类信息之间的权重问题，这种权重可以很好地体现出各项信息披露行为的重要程度。但 AIMR 评价方法的一个不容忽视的缺陷是评价结果主观性相对较强，而且其中可能隐含了分析师的判断误差。目前，AIMR 已停止了其对公司的披露评级。

（3）深圳证券交易所发布的"信息披露考评结果"。

2001 年 5 月 10 日，深圳证券交易所发布了《深圳证券交易所上市公司信息披露考核办法》，根据该考核办法，当上市公司每一次进行信息披露时，相关的工作人员就会对上市公司该次信息披露的数量和质量进行打分，会计年度结束时，工作人员将每次打分的结果按临时公告、定期报告、奖惩情况和配合交易所工作四大类进行归类，然后赋予不同的权重进行加权平均，得出全年综合评分。深交所对上市公司信息披露质量的考核每年进行一次，并在其网站的"诚信档案"栏下的"信息披露考评专题"中公布信息披露考核结果（考评结果分为优秀、良好、及格、不及格四个等级）。2008 年 12 月 5 日，深交所又颁布了新的《深圳证券交易所上市公司信息披露考核办法》，新的考核办法在很多信息披露考评的细节方面给出了更为明确的标准，进一步规范了上市公司的信息披露行为。

深交所对上市公司的信息披露考核是对上市公司各类信息披露所作的总体评价，它不仅考虑了上市公司的年报，还考虑了上市公司的临时公告、季报等，同时，又综合考虑了数量和质量两方面的因素；另外，证券交易所作为市场中的独立机构，它所发布的信息也具有一定的权威性。但深交所对其上市公司的信息披露情况进行的考核也不可避免地具有一定的主观性。

（4）其他指标。

学者也会使用一些其他指标来衡量信息披露质量，如普华永道（PWC）2001 年发布的"不透明指数"、国际财务分析和研究中心（CIFAR）公布的信息披露评价体系等。但普华永道（PWC）所发布的"不透明指数"是针对不同国家和地区的透明度的衡量指标，不能恰当地反映出各个公司的信息透明度水平；国际财务分析和研究中心（CIFAR）在评价过程中，对年报信息分类，并从中筛选出重要的披露项目进行评价，该评价体系只关注公司信息披露的数量，而对信息的准确性等质量特征没有给予足够的考虑。

2. 研究者自建的衡量指标

目前，也有很多学者根据自己的研究需要，自行构建信息披露质量的评价体系。博托萨（1997）在相关研究中，将公司年报中自愿披露的信息分为公司背景信息、历史信息、关键的非财务指标和统计、预测信息、管理层评论与分析五大类，并对这五类信息分别设定一些明细项目，然后对每大类中信息披露的情况进行打分，最后对上述打分分类汇总，得到公司信息披露的总得分。计算出的分数越高，说明公司信息披露质量越高。巴塔查尔亚等（Bhattacharya et al.，2003）通过反向构建信息披露评价指标发现，不透明的会计信息主要是因为以下三个因素：管理层动机、会计准则和会计准则的执行。他们从会计盈余出发，构建了衡量会计盈余不透明程度的三维指标体系：盈余激进程度、损失规避程度和盈余平滑程度。

国内学者也进行了一些探索性的研究。王咏梅（2003）在博托萨的基础上，结合我国证券市场的实际情况，设计了自愿信息披露指数。该指数的主要构成要素分为五个部分：背景信息（8 项指标）、历史信息（4 项指标）、关键性非财务信息（16 项指标）、预测信息（9 项指标）和管理层讨论与分析（11 项指标）。每家公司的分数根据每个部分的每个项目来给出。按照计算规则可能得到的最高分数是 105 分，也就是所有披露项目价值之和。沈红梅（2003）参照了米克等（Meek et al.，1995）的做法，设计了一个自愿性信息披露评价体系。该体系选取了战略信息、财务信息和非财务信息三个类别共 113 项指标，去掉 14 项强制性披露项目后，确定了 99 个自愿性披露项目。然后，用这一评价体系对照上市公司年报，对上市公司的自愿性信息披露进行打分。崔学刚（2004）设计了信息披露指数来衡量公司的自愿性信息披露水平，该信息披露指数的设计参照了前人的研究成果和通用信息需求，包括41个自愿性信息披露条目，且每个年度的公司信息披露指数均由这41个自愿信息披露条目汇总而成。然后针对这41个信息披露条目，分别对各样本公司每年的披露情况打分，打分原则是：任意一家样本公司在1997年、1999年、2001年任一年进行披露，则该年该公司的该条目取值为1；如果未披露，则有两种情况：一种是公司该年本身没有该项业务，则为缺省值；另一种是，如果有相关业务而未披露，则取值为0。最后，把每家样本公司的信息条目的分值汇总成公司信息披露指数。

从以上衡量方法中，我们可以看出：国内学者自创的信息披露指数涵盖面较广，比较全面地说明了相关信息的披露情况，可以很好地衡量信息披露的充分性；但每位学者在设计信息披露指数体系时，涉及的指标有所不同，亦不能反映披露的及时性；另外，这些评价标准中不可避免地携带了研究者的主观判断，各指标的权重也很难判定。而且，自建披露评价体系以及相应的数据收集需要花费巨大的工作量，一方面使得这些研究主要局限于对公司年报的披露评价上，而忽略了公司的其他信息披露；另一方面也使得研究样本局限于很小的范围，导致实证结果的解释力度减弱。

3. 选择某些能反映公司信息披露质量的特殊指标

（1）盈余质量指标。

盈余质量是会计信息质量的一个典型代表。这是因为，盈余是一种最重要、最综合、投资者最为关心的信息，代表了最典型的会计确认和计量。大部分学者认为盈余质量可以在一定程度上代表信息披露的水平和质量，因此，在以往的研究中，有学者采用盈余质量指标来反映上市公司信息披露质量，并主要选用了以下这两个指标。

①盈余激进度。盈余激进度是上市公司推迟确认损失（费用）和加速确认收入的倾向，其结果是增加应计利润。巴塔查尔亚等（2003）认为，上市公司的操纵性应计利润越大，盈余就越激进，激进的盈余通常代表上市公司进行了盈余管理，从而信息披露质量也越低。我国学者李明毅和惠晓峰（2008）

也采用了盈余激进度来衡量信息披露质量。

②盈余平滑度。盈余平滑度是一定期间内上市公司盈余和现金流的相关程度。在我国，现金流量表也是盈余管理的对象，应计项与现金流之间完全匹配（即两者相关系数为正且绝对值很大），可能是上市公司为了打造良好形象同时操纵三张财务报表的结果，因此，其在一定程度上是上市公司盈余管理程度大的表现。在以上两种情况下，投资者都会认为上市公司的盈余披露质量不高。

（2）信息披露的次数。

这种方法是以上市公司信息披露的次数作为衡量信息披露质量的指标。披露的次数越多，说明公司的信息披露质量越高。该指标由于使用方便、容易取得，因此在国内外文献中常有使用。如博托萨和普拉姆利（Botosan and Plum-lee，2002）在文章中以信息披露数量来部分代替信息披露质量，国内学者汪炜和蒋高峰（2004）以上市公司信息披露的数量作为信息披露质量的粗略替代。这种计量方法虽然有其优越性，但由于信息披露次数只能反映公司信息披露行为的一个侧面，而无法完整反映公司信息披露质量，因此该方法过于粗糙。

目前学术界对信息披露质量的衡量方法尚未形成一致的结论。每种方法在不同的经济基础和市场环境下，都具有其特定的优势及适用性，但同时也都不可避免地存在着一些缺陷。因此，国内外学者在对相关问题进行研究时，根据其研究背景以及研究内容的不同，选择了不同的方法。

3.2 理 论 基 础

3.2.1 保险理论

传统保险理论的核心在于保险人与被保险人之间达成协议，被保险人支付保险费以换取保险人的经济补偿承诺。但随着风险治理理论的发展，保险的功能不断拓展与完善，在经济社会中，保险的功能也在不断演化。如今保险对公司治理的效应受到重视，企业及学者们对保险治理效应的重视也日益增强。许多学者将信息不对称理论与董责险结合，从而引出了"道德风险"的讨论。"道德风险"的存在增加了董责险投保期间企业与保险公司之间交易的不确定性。

具体而言，一方面，由于保险公司和投保企业之间在信息获取时存在信息不对等问题，使保险公司无法充分了解投保企业的风险偏好和风险水平，也无法详细了解投保人的经营管理状况，进而无法有效控制管理层的机会主义行为，进一步导致保险公司与投保企业约定的承保范围偏离其预期目的。另一方面，董责险作为企业管理层一种重要的职业责任保险形式，在欧美等发达资本市场已得到广泛运用与普及。近年来，随着我国资本市场的蓬勃发展，董责险亦逐渐受到国内资本市场的青睐与追捧。在众多的学术研究中，董责险治理在企业中的实施效果受到了广泛探讨，形成了两种截然不同的理论观点，即"激励监督假说"与"机会主义假说"。"激励监督假说"主张，董责险的引入能有效将管理层在履职过程中因工作疏忽或行为失当而引发的民事诉讼风险转移至保险公司，此举不仅激励管理层更加勤勉尽责，而且通过引入保险公司作为外部监管力量，有助于提升信息披露的透明度与准确性，进而缓解代理冲突，优化公司治理结构（O'Sullivan，1997）。有研究亦表明，董责险的风险转移与补偿功能能够鼓励企业做出更为果敢的经营决策，促进公司成长（Ward and Zurbruegg，2000）。然而，"机会主义假说"的观点认为，董责险所扮演的"保护伞"角色有可能削弱法律的威慑力与惩戒功能，从而在一定程度上诱发管理层的机会主义行为，增加"道德风险"的发生概率，最终降低公司治理的有效性。

为降低公司的违约概率，进一步激励和监督管理层履职显得尤为关键。通过此举，可以促使管理层制定并执行有助于企业长期稳健发展的经营策略，同时激励其勤勉尽职。如果"激励监督假说"得到验证，那么此时上市企业购买董责险可以大幅度地提高公司治理，抑制管理层的机会主义行为，缓解信息不对称问题，激励和监督管理层积极履职，从而向债券投资者传递良好的企业形象，降低债券违约概率，减小信用利差；反之，若"机会主义假说"得以证实，董责险恐沦为管理层之"庇护所"。在此情境下，董责险的引入将促使管理层决策更为冒进与自利，加剧信息不对称性，进而恶化公司治理水平，致使债券违约风险陡增。由此可见，董责险治理作为新兴治理机制，通过调整公司对管理层的激励与监督机制，深刻影响着公司治理的成效。

综上所述，保险理论通过提高激励监督效应或加剧机会主义倾向，为本书探讨董责险对信用利差的影响提供了坚定的理论基础和选题依据。本书将分别对这两种假说进行检验，从而对董责险的治理作用进行准确定位和合理评估。

3.2.2 委托代理理论

委托代理理论，根植于非对称信息博弈论的沃土，根据早期文献的阐述，主要聚焦于一个或多个市场主体通过明确或隐含的契约形式雇佣或指定其他主体提供服务的现象。在这一过程中，委托人赋予代理人特定的决策权，并支付相应报酬。而"代理成本"作为委托代理理论的重要组成部分，具体包含三个层面：（1）委托人的监管成本。即委托人为了对代理人的行为实施有效监督和管理而支出的各项费用，这些费用构成了委托人维护自身利益的重要成本组成部分。（2）代理人的约束成本。指的是代理人为了确保自身行为不损害委托人利益而需要付出的成本，这些成本反映了代理人对委托人利益的尊重和保障。（3）机会成本。源于代理人决策与委托人利益最大化的最佳决策之间存在的偏差，这种偏差导致委托人利益受到潜在损失，因此机会成本可视为因代理人决策不当而给委托人带来的额外成本。鉴于委托代理关系在社会各领域的广泛存在，其应用范围广泛，不仅涵盖国有企业和上市企业，还涉及债权人与债务人之间的复杂委托代理关系。

委托代理理论在公司治理中发挥的作用是学者们普遍关注的问题。在公司治理结构中，股东以委托人的身份，将公司的经营权赋予管理层，即代理人，负责公司的日常运营及关键决策。作为委托人，股东通过实施有效的监督和控制机制，确保管理层的行为符合其利益最大化原则，从而维护自身的权益。这一委托代理关系构成了现代公司治理的核心。在这种情况下，委托代理理论可以帮助股东制定合理的激励机制和监督机制，以确保管理层能够为公司创造更大的价值。董责险作为一种公司治理机制，对于委托代理冲突的缓解作用具有双重性。首先，董责险有效转移了管理层在履职过程中因非故意过失而可能面临的民事诉讼风险，从而减轻了管理层对风险的规避心理。这使得管理层能够更加积极地投入公司治理，制定更加有利于企业长远发展的经济决策，进而缓解代理冲突。此举从根本上削弱了管理层的自利动机，减少其侵权行为的倾向，提升了会计信息披露的质量，更好地保护了债权人的权益，进而有助于降低信用利差。其次，董责险的引入使得保险公司作为第三方监管者参与公司治理。保险公司会对投保企业的运营全过程进行严密监督，并对内部控制制度的完善提供宝贵建议。这一机制有效抑制了管理层可能出现的"道德风险"行为，从监督层面促进了管理层的科学决策和积极履职。这不仅有助于进一步缓解委托代理问题，加强了公司治理的效能，同时也为降低企业的融资成本创造了有利条件。

然而，鉴于当前我国实体经济面临日益增大的下行压力，实体投资和研发创新投资的特点表现为回收周期长、资金投入规模庞大、风险性显著以及投资收益率相对较低。在这样的背景下，管理层即便坚持发展主营业务，也难以在短期内实现薪酬等收益的显著增长。相反，他们可能因非主观故意的决策失误而面临研发失败、主业发展受阻的风险，进而导致薪酬损失甚至解雇。此时，股东与管理层之间的利益目标函数差异可能导致管理层利用董责险的"保护伞"效应，从事机会主义行为等自利活动，以追求自身利益的最大化，从而加剧委托代理冲突。这会对公司日常经营、债务融资产生极不利的影响。比如，管理层在融资活动中采取激进负债的融资策略，并利用负债筹集的资金大肆投资金融和房地产等虚拟行业以更好地实现自身利益最大化目的（许罡和伍文中，2018）。管理层借助董责险的"兜底"效应从事投机行为偏离了股东的利益目标，加剧委托代理问题，操纵盈余信息，增加企业的融资成本，进而提高债券信用利差。

委托代理问题的存在可能使管理层利用董责险治理的庇护机制，更轻易地谋取个人利益，对公司的融资成本产生不利影响，从而导致发债信用利差上升。但董责险这一外部治理机制有可能抑制管理层的"道德风险"行为，促进管理层积极履职，这不仅有助于缓解委托代理问题，同时也为降低企业的融资成本创造了有利条件。因此，委托代理理论究竟能够发挥何种作用，还有待于后文进一步探讨。综上所述，委托代理理论为本书的研究逻辑提供了正反两方面的理论基础和实践支撑。

3.2.3 信息不对称理论

信息不对称理论在经济学中占据核心地位，它揭示了市场经济活动中各参与主体在信息获取与掌握方面存在的差异性。具体而言，那些拥有更为充分信息的个体往往能够在市场中占据优势地位，而信息匮乏的个体则相对处于不利境地。在发债企业与债券投资者之间的关系中，信息不对称现象尤为突出。当企业为进行日常经营活动而寻求资金筹集时，无论是通过发行债券还是向银行贷款，均会面临债权人与债务人之间的信息不对称问题。由于信息不对称问题的存在，管理层作为发债企业日常经营活动的参与者，通常比债券投资者更了解企业的实际经营状况、盈利能力以及未来的发展前景。若管理层出于薪酬契约、职位晋升、声誉管理等目的，选择对会计信息进行虚假陈述，则会令投资者处于被蒙蔽状态，导致其无法完全了解企业的真实风险，从而影响到他们的投资决策，并有可能要求增加信用利差。

董责险的引入，使得保险公司得以对其实施严密的监督与约束，进而促使管理层勤勉履职、恪尽职守，有效遏制盈余管理等不当行为，从而缓解信息不对称的难题。同时，董责险本身亦对管理层构成一种激励机制，鼓舞其勇于创新、着眼长远利益。此外，随着管理层提供的会计信息质量得到显著提升，投资者的信息需求亦得到更为充分的满足。也有学者指出董责险为管理层增加的这份保障实则是以其作为"庇护伞"，让管理层更无后顾之忧，且更不惧怕法律的惩罚，从而诱发道德风险，加剧机会主义行为，操纵盈余信息，加剧信息不对称问题。此外，信息不对称现象的存在还可能导致道德风险的滋生。道德风险主要源于信息的不对称分布，使得一方在缺乏充分信息的情况下，有可能采取损害另一方利益的行为。为了缓解信息不对称带来的问题，政府和市场采取了一系列措施。例如，在证券市场中，政府要求上市企业应当定期、全面、真实地披露其财务状况、经营成果和重大事项，提高透明度，以便投资者做出明智的决策。此外，市场还引入信用评级机构、审计机构等第三方机构可以对上市企业的信用状况、偿债能力等进行客观评估，以帮助债券投资者获取更准确的信息，进一步对企业债信用利差产生积极影响。

由此推断，若能实施有效策略以缓解管理层与债券投资者之间的信息不对称问题，将能有效防范董责险治理引发的管理层机会主义行为，进而有效应对董责险治理对公司债信用利差的负面影响。因此，信息不对称理论能够为本书的治理机制与中介机制研究提供较强的理论支撑和逻辑导向。

3.2.4 信号传递理论

信号传递理论，作为经济学中的关键概念，主要探讨在信息不对称背景下，信息优势方如何有效传递信息以优化或调整信息劣势方的决策过程。在资本市场中，这一理论在公司财务领域得到了广泛应用。具体而言，公司财务报告作为关键信号，向投资者传递了关于公司经营状况及未来前景的重要信息。在信息不对称的情境下，公司需积极采取多种手段，向外界传递其内部信息，这些信号对于投资者深入了解公司的经营状况和未来发展至关重要，有助于投资者做出更为明智的投资决策。

公司购买董责险这一行为及其赔偿数额大小均向投资者传递出了重要信号。首先，董责险的购买和存在本身就是一种信号。当一家公司为其董事、监事和高级管理人员购买董责险时，这可能会向外界传递出两个重要的信号：一是公司重视其管理团队的利益，愿意为他们提供额外的保障；二是公司可能认为其管理团队在执行职务时面临较大的风险，需要外部保障来减轻潜在的法律责任。这两个信号都可能对投资者产生影响。对于第一个信号，投资者可能会认为公司是一个注重管理人才、关心员工福祉的企业，会传递出公司未来治理有效、监督有力的良好信号，这有利于提高企业的信用程度，投资者认为企业的信用程度良好，就会要求相对较低的信用利差。而对于第二个信号，投资者可能会更加谨慎，对公司的运营状况和未来发展产生更多的担忧，认为该企业可能存在财务重述等问题，进而增加风险补偿，提高债券信用利差。其次，董责险的购买和赔偿情况也可能成为信号传递的媒介。如果公司的董责险赔偿频繁或金额巨大，这可能会向外界传递出公司管理不善、存在严重问题的信号，这可能会导致投资者对公司的信心下降，进而影响公司的融资成本，从而提高信用利差。但是，基于董责险赔偿数额的信号效应，投保公司也可能会在投保前积极改善内部治理状况，抑制出于自利动机的侵权行为，提高会计信息质量，从而弥补高额保险赔偿数额对投资者造成信心下降的影响，信号传递理论通过揭示信息优势方如何向信息劣势方传递关键信息，进而优化投资者的决策过程，为投资者制定更为明智的投资策略提供了理论依据。

综上所述，公司购买董责险这一行为作为重要信号，向投资者传递了公司关注治理机制和引入外部监督的决心，为投资者制定相应的投资策略提供了重要依据。同时，董责险的购买对投资者的利益提供了进一步的保障，有利于提高企业的信誉程度，投资者在认可企业这一行为后，就会要求相对较低的信用利差。故而，信号传递理论为本书的研究主题和结论提供了稳固的理论基础，也为进一步探讨公司治理信号的传递与公司融资成本之间的关系提供了有益借鉴和补充。

3.3 本章小结

本章主要对董责险治理、公司债信用利差、信息披露质量等相关概念及涉及的理论基础进行了全面界定和借鉴。概括说来，目前各国及众多学者对董责险的界定、保障范围，对信息披露质量的衡量标准都未达成一致，本书结合研究实际，借鉴了我国学者许荣和王杰（2012）对董责险的概念界定，用信用债券的到期收益率与相应期限的国债到期收益率间的差值表示公司债券信用利差，使用深交所的信用披露质量评价体系的考核结果作为本书的信息披露质量指标。基于上述指标选取与构建，进行后续章节的实证研究工作。进一步，本章基于保险理论、委托代理理论、信息不对称理论以及信号传递理论，详细阐述了这些理论对本书的研究逻辑起到何种指导和支撑作用，从而为后文的研究奠定了坚实的理论基础和研究基石。

第4章　董事高管责任险对公司债
信用利差影响的实证分析

出于降低管理层在履职期间因非主观故意的决策失误或非主观故意的行为不当而可能面临的诉讼风险和民事赔偿责任，激励管理层放心决策、积极履职等初衷，我国越来越多的企业开始关注董责险，并积极引入了董责险治理这一新兴的公司治理机制。通过对前文文献的梳理，我们发现，已有的关于董责险治理效果的研究存在"激励监督假说"和"机会主义假说"两种截然相反的观点。

支持"激励监督假说"的研究认为，引入董责险治理不仅可以降低管理层的履职风险（O'Sullivan，1997；Ward and Zurbruegg，2000；Core，2000）、提高管理层的风险容忍度（胡国柳等，2019），而且通过引入保险公司这一外部监督机制，能够提升公司治理水平（Holderness，1990；刘斌等，2021），从而有效激励和监督管理层科学并大胆决策，并产生诸如降低企业债务融资成本（胡国柳和彭远怀，2017）、提高企业投资效率（彭韶兵等，2018）和增加企业绩效（Lin et al.，2022）等积极经济后果。在董责险发挥积极治理效应的实务中，2010 年，陕西鼎天济农腐殖酸制品有限公司（纽交所上市）及其管理层在信息披露中因"重大遗漏"分别被投资者索赔4000 万～8000万美元和65 万美元。由于企业购买了董责险，在保险公司的及时介入和有效协调下，公司和管理层被索赔的金额分别降至250 万美元和52.5 万美元，保险公司还代替被保险人支付了抗辩费用67.7 万美元①。2011 年，广汽长丰因虚假陈述遭到投资者索赔98 万元，因为提前引入了董责险治理，公司最终获得保险公司 80 万元的理赔②。不难看出，董责险治理很好地发挥了风险对冲的作用，大大降低了诉讼索赔对公司以及管理层的负面冲击，对促进管理层放心决策、积极履职起到了正向激励效应。

而支持"机会主义假说"的研究认为，董责险的购买一方面使得保险公

① 资料来源：董责险为高管戴"安全帽"［EB/OL］．（2017 - 3 - 20）. https：//www. sohu. com/a/129490419_611215.

② 资料来源：记者观察：上市未果，董责险能否派上用场？［EB/OL］．（2020 - 11 - 10）. http：//xw. cbimc. cn/2020 - 11/10/content_370006. htm.

司成为最终赔款人,降低了法律机制的威慑和惩戒作用,容易给管理层带来反向激励和过度保护(Chung and Wynn, 2008; Lin et al., 2013);另一方面难以对管理层形成有效监督,从而导致管理层的决策更为激进和自利,并带来诸如提高企业股权融资成本(Chen et al., 2016)、降低企业投资效率(Li and Liao, 2014)以及企业绩效(Boubakri and Ghalleb, 2008)等消极的经济后果。在实务中,2020 年,瑞幸咖啡被曝出虚构商品交易额高达 22.46 亿元,并给公司股价和主业业绩带来了灾难性影响。在事件曝光之前,瑞幸咖啡就已经引入了总保额高达 2500 万美元(折合人民币接近两亿元)的巨额董责险治理①。从行为性质来看,瑞幸咖啡财务造假属于明显的违法行为,虽最终难以获得保险公司的赔偿,但董责险治理所提供的过度激励和保护是否对瑞幸咖啡巨额财务造假行为起到了"推波助澜"的作用,虽无法佐证,但董责险的"兜底"作用恐怕"难逃干系"。

那么,引入董责险治理是会通过有效激励和监督管理层科学决策,提升公司治理水平,提高企业信息透明度,从而降低公司债券融资成本?还是会诱发管理层的决策更加激进和自利从而加剧公司融资约束,提高公司债券融资成本?对于这一问题,目前鲜有文献基于我国保险市场与资本市场融合情境进行理论分析和实证检验。有鉴于此,本章将以 2002 ~ 2022 年沪深 A 股非金融类上市公司为研究样本,考察董责险治理对公司债券融资成本(公司债信用利差)的影响。

4.1 理论分析与研究假设

投资者在购买企业债券时,不仅会关注债券本身的特征因素,也会重点

① 资料来源:瑞幸咖啡财务造假,"董责险"护体能否自保 [EB/OL]. (2020 - 4 - 10). https: //weibo.com/ttarticle/p/show? id=2309404492176359817273&sudaref = www.baidu.com.

关注发债企业内部治理水平等相关因素，如董事会结构、信息披露、内部监管完善程度等。良好的公司治理机制能够有效缓解管理者与投资者之间的信息不对称问题，增强投资者的信任和满意度，从而降低公司融资成本，表现为降低债券信用利差，实现资本市场更为高效和稳健的运行（周宏等，2018）。董责险的推出旨在缓解董监高进行日常决策时因非故意过失所引起的诉讼风险，激励其履职的积极性。如前所述，作为一种新兴的公司治理机制，关于董责险发挥的治理效果，主要有"激励监督假说"和"机会主义假说"两种观点。基于董责险这两种不同的治理效果，我们认为，董责险治理对公司信用债利差也会产生两种截然不同的影响。

一方面，董责险可以发挥积极的治理效应，提高信息披露质量，降低债券信用利差。具体表现在：第一，外部监督假说认为，当企业为了防控风险购买董责险时，引入了保险公司作为第三方监管者，为了避免企业高管以董责险作为"保护伞"进行不利于企业长期发展的投资决定，首先，保险公司会在企业投保前及投保期间对其内部管理进行全方面调查和严格的外部审核，减少因董监高因不必要的工作疏忽和道德风险引发的经济"惩罚"，促使投保企业加强内部治理（Boyer and Stern，2014），抑制董监高的自利主义行为，提升公司业绩（Lu and Chen，2010），向外界投资者传递良好的企业信用形象，提高信息披露质量，进而减小债券的信用利差。其次，保险公司也可以利用自身的信息优势地位收集投保企业内部信息，对投保企业披露的信息做出准确的风险评估，防止其在对外披露信息时，进行瞒报、漏报、误报而引发风险诉讼，完备其风险治理架构，同时敦促管理层加强对外部投资者利益的重视，缓解投保企业相关利益方与管理层目标不一致引发的代理冲突，降低股东诉讼风险和其他投资者的诉讼索赔风险，保障中小投资者以及其他利益相关者的合法权益，从而营造良好的融资环境，进一步降低信用利差。

第二，信息效应和资源效应假说认为，随着企业信息透明度的提高，投资者风险不仅显著下降，且能得到有效补偿，企业的融资成本也会相应降低

（王营和曹廷求，2017）。上市公司购买董责险后，将企业或董监高面临的潜在风险转移至保险机构，减轻了管理层的决策过失压力，也转移了高管履职过失的风险赔偿，使董事高管更有动机积极履职。而董监高为了自身的荣誉和名声，会在执业过程中保持勤勉、谨慎经营，提高信息披露质量，增加企业信息透明度，减少公司运营中的错误，并进一步降低债务融资成本，表现之一为公司信用利差显著下降。

综上所述，董事高管责任险能起到外部监督和风险补偿的作用。它可以加强投保公司内部治理，督促高管积极履职，提高信息披露质量，做出利于企业长期发展的经营决策，提高高管层的经营管理水平。因此，如果债券投资者认为董责险发挥了外部监督效应或信息效应和资源效应，就可能会要求一个相对较低的风险补偿，从而降低企业债的信用利差。基于上述假说分析，提出本书第一个研究假设 H1a：

H1a：如果债券投资者认为董责险具有改善公司外部监督、激励管理层积极履职的作用，则董责险的购买会显著降低公司债券的信用利差。

另一方面，由于我国引入董责险时限较短，与其他西方国家相比，我国实体企业的委托代理问题较为突出，激励机制设计有待加强，资本市场制度也有待完善，导致董责险的发展并没有达到预期的效果。有研究发现上市企业购买董责险会加剧委托代理问题，诱发企业高管的机会主义行为，降低公司内部治理水平（Chen et al.，2016；Wang and Chen，2016）。

首先，从机会主义假说分析看，投保企业为董监高购买董责险的出发点是为了激励他们恪尽职守，履行职责，降低因行为不当造成的法律纠纷或企业损失。但购买董责险后产生的"兜底"效应转移了高管在经营过程中被诉讼和罚款等风险，这一弊端将高管层在日常经营决策中面临的风险转嫁给了保险公司，引发了管理层的道德风险，特别是在信息披露时，董监高出于自身利益最大化考虑，存在信息瞒报、漏报、误导性陈述或更偏好披露对自身有利的信息，从而降低了信息披露质量（Chalmers et al.，2002），恶化了公司内部治理问题，导致企业经营风险和违约风险增加，进而增加融资约束，提高融资成本，提高企业债的信用利差。

其次，董责险还会引发公司治理出现结构性短视问题。企业的一些大股东给相关高管和董事购买董责险时，变相替他们规避了被投诉和罚款等风险（李从刚和许荣，2019）。但董责险的这种"松绑"作用会降低法律威慑和惩罚效力，使得高管层更容易与大股东进行"合谋"，即双方利用掌握的信息和资源优势，通过业绩操控，致力利润最大化的短期目标决策，以获取投机性资本利得。因此，在这种中小股东及债券投资者处于信息相对劣势的情况下，容易激发管理层的道德风险和逆向选择，加剧企业与利益相关者之间信息不对称问题，进而对债券投资者的经济决策产生不利影响，造成巨大损失。

综上所述，在董事高管通过董责险转移责任风险，同时弱化自身应履行的职责与公司内部治理机制的有效性时，管理层的自利动机就会增强，促使其做出有损中小股东以及外部投资者利益的行为决策。这种机会主义行为不但会加剧委托代理问题，还会影响企业自身的经营业绩，对企业的资信水平造成影响，加剧融资约束，致使信用利差提高。故本书提出竞争性假设 H1b：

H1b：如果债券投资者认为董责险会诱发管理层机会主义行为倾向，则董责险的购买会显著增加公司债券的信用利差。

4.2 研 究 设 计

4.2.1 样本选取与数据来源

本书以 2002～2022 年沪深 A 股上市公司作为研究样本，并对样本数据进行了如下处理：（1）剔除了 ST、*ST、PT 等财务状况异常的上市公司；（2）剔除了金融类上市公司，以消除行业特性对研究结果的潜在影响；（3）删除了数据缺失的样本年度观测值，以确保数据的完整性和可靠性；（4）对于资产负债率大于 1 的年度样本也进行了剔除，以避免极端值对研究结果的干扰；（5）为了控制异常值的影响，对连续型变量进行了 1% 和 99% 水平的缩尾处理。经过上述处理后，得到了共计 6914 个公司—年度样本观测值。

其中，本书使用的董责险的数据主要通过手工搜集得到，具体办法是在 CSMAR 和 Wind 数据库中搜索董事会公告、股东大会公告等报告，以"董责险""董监高责任险""董事高管责任保险"为关键词，手工爬取整理得到上市公司董责险投保规模和保费的相关数据；公司债券包括沪深 A 股上市公司发行的公司债、企业债、中期票据和短期融资券。其余所有财务数据均来自 CSMAR 数据库，并结合 Wind 数据库进行比对、校准。

4.2.2 变量定义与模型构建

1. 被解释变量：债券信用利差（CS）

一般地，债券信用利差被界定为债券到期收益率与无风险利率的差值，代表企业在债券市场融资所需支付的风险溢价（王雄元等，2018）。该差额旨在补偿投资者承担的公司债券信用风险，是企业增量债务融资成本的一种基本衡量方法（Jiang，2010；韩鹏飞和胡奕明，2015；黄振等，2021）。在学术界，国债被认为是最接近无风险利率的投资工具，其收益率可以看作是市场无风险利率，因此，本章使用每只债券的发行票面利率与相同剩余期限国债的到期收益率之差衡量公司债券信用利差（CS）。若样本年度公司没有新发行债券，则使用现有债券到期收益率与相同剩余期限国债的到期收益率之差替代性衡量公司债券信用利差（CS）。

进一步，本章对上市公司债券信用利差的获取及计算方式具体如下：（1）通过 CSMAR 数据库和 Wind 数据库收集债券发行时的票面利率；（2）在中国债券信息网收集与公司债具有相同剩余期限国债的到期收益率，在无法得到与公司债券期限对应的国债到期收益率的情况下，利用已知的不同期限国债到期收益率，通过插值法进行计算；（3）利用两者之间的差值计算出信用利差，即"公司债券信用利差（CS）= 公司债券发行时票面利率 – 相同剩余期限国债到期收益率"。

2. 解释变量：董责险（$Insured$）

目前学术界对董责险的衡量主要采用以下几种方法：（1）董责险购买与否。该方法将上市企业是否购买董事高管责任保险作为观测指标，并采用虚拟变量来衡量。也就是说，若上市企业在其公告中明确宣布购买了董责险，则该变量定义为1，否则定义为0（赖黎等，2019；王禹等，2023）。（2）董责险保费或保额。这种方法用上市公司实际的保费支出或投保额度作为董责险的衡量指标，该方法能够反映企业在投保期间隐含的诉讼风险，以及承保公司对投保企业公司治理水平的评估（Lin et al.，2013）。（3）引入董责险的时间长度。这种方法用上市公司投保董责险的年数或月数来衡量董责险，该方法能够检验董责险的治理效应，及公司引入董责险时间的长短对公司治理机制能否发挥激励作用（凌士显和白锐锋，2017）。

由于我国上市公司无须强制披露董责险的保费和理赔规模，因此即便上市公司在公告中宣布了购买董责险这一消息，也仍有很大一部分公司不公开披露董责险的保额、保费率、承保年限和承保范围等详细信息。考虑到数据获取的可行性以及本章的研究对象和内容，本章采用"企业是否购买董责险"的虚拟变量（$Insured$）来衡量董责险的购买情况。若上市公司在其定期公告或年度财务报表中明确提及购买董责险，则 $Insured$ 取值为1，否则为0。由于我国上市公司很少单独发布董责险购买公告，因此本章在巨潮资讯等网站上手工检索董事会、监事会、股东大会及年报等公告，以"董责险""责任保险""责任险"等作为关键字，若这些公告中披露通过董责险购买决议的议案，则认为该上市公司购买了董责险；进一步，若一家上市公司决议购买之后如未经明确决议终止购买，则视为持续购买董责险，董责险继续被赋值为1。

进一步，为了保证研究结果的稳健性，本章还手工检索了董事会、监事会、股东大会及年报等公布的董责险投保规模，使用"董责险当年投保规模与企业当年资产总额的比值"衡量董责险投保额（*Insured_M*），以此作为董责险的替代变量重新对结果进行检验。

3. 控制变量

本章在模型中控制了一系列可能影响债券信用利差的公司层面与债券自身特征的相关变量。具体包括：（1）公司财务特征变量。主要包括资产负债率（*Lev*）、企业规模（*Size*）、资产收益率（*Roa*）、流动比率（*Current*）和资本回报率（*Retinv*）。（2）公司治理相关变量。主要包括董事会规模（*Dirsize*）、独立董事比例（*Indep*）、管理层性别（*Malro*）、第一大股东持股比例（*Bsr*）、机构投资者持股比例（*Insprop*）和两权分离度（*Sep*）。（3）债券特征变量。主要包括债券到期期限（*Term*）和债券发行量（*Acisqy*）。同时，本章还加入了行业（*Ind*）虚拟变量和年度（*Year*）虚拟变量。控制变量的具体定义详见表4.1。

表 4.1   **变量选取与变量定义**

变量类型	变量名称	变量符号	变量定义
被解释变量	债券信用利差	*CS*	债券发行时票面利率 – 相同剩余期限国债的到期收益率
解释变量	董责险	*Insured*	公司当年购买董事高管责任保险，该值取1，否则取0
	董责险投保额	*Insured_M*	董责险当年投保规模/企业当年资产总额
控制变量	资产负债率	*Lev*	负债总额/资产总额
	企业规模	*Size*	总资产取自然对数
	资产收益率	*Roa*	净利润/资产总额
	流动比率	*Current*	流动资产/流动负债
	资本回报率	*Retinv*	（净利润＋财务费用）/（资产总额－流动负债＋应付票据＋短期借款＋一年内到期的长期负债）

续表

变量类型	变量名称	变量符号	变量定义
控制变量	董事会规模	*Dirsize*	董事会人数取自然对数
	独立董事比例	*Indep*	独立董事人数/公司董事总人数
	管理层性别比	*Malro*	男性高管人数/公司高管总人数
	第一大股东持股比例	*Bsr*	第一大股东持有的公司股份比例
	机构投资者持股比例	*Insprop*	机构投资者持有的公司股份比例
	两权分离度	*Sep*	实际控制人拥有上市公司控制权与所有权之差
	债券到期期限	*Term*	结算日与发行日的差额
	债券发行量	*Acisqy*	债券发行时实际筹集到的资金总额
	行业	*Ind*	行业虚拟变量
	年份	*Year*	年度虚拟变量

4. 模型构建

在其他条件不变的前提下，本章构建面板数据的双向固定效应模型（4-1），以检验前面提出的两个备则假设。具体模型如下所示：

$$CS_{i,t} = \alpha_0 + \alpha_1 Insured_{i,t} + \alpha_2 \sum Controls_{i,t} + \alpha_3 \sum Ind + \alpha_4 \sum Year + \varepsilon_{i,t}$$

$$(4-1)$$

其中，下标 i 表示企业，t 表示年份。$CS_{i,t}$ 为债券信用利差，$Insured_{i,t}$ 为董责险购买与否的虚拟变量，$Controls_{i,t}$ 为公司财务、治理及债券特征层面的控制变量，Ind 为行业固定效应，用以控制行业层面不随时间变化的因素，$Year$ 为年度固定效应，用以控制时间层面不随个体变化的影响因素，$\varepsilon_{i,t}$ 为残差项。聚类标准误在公司层面。

模型（4-1）中，如果 α_1 为负，且在统计学意义上显著，说明上市公司投保董事高管责任保险能显著降低信用利差，继而支持假设 H1a；反之，α_1 显著为正，则支持假设 H1b。

4.2.3 描述性统计与相关性检验

1. 描述性统计

本章以 2002～2022 年沪深 A 股上市公司年度数据为研究样本,表4.2 为解释变量、被解释变量及控制变量等主要变量的描述性统计。

自 2002 年我国首次引入董责险至今已有 20 余年,但表4.2 中董责险(*Insured*)的平均值为 0.1404,这与近些年董责险相关的研究结果相似。该结果表明,我国上市公司中仅有 14.04% 的公司为董事高管层购买了董责险,与欧美等发达国家近 90% 的投保覆盖率相比,我国境内上市公司投保董责险的积极性普遍不高,国内上市公司对董责险的认识和接受程度还有待提高。债券信用利差(*CS*)的均值为 2.1674,最大值为 7.6198,最小值为 −2.4175。从总体上来看,我国上市公司债券发行的信用利差差异较大,表明发债企业主体间的违约风险概率确实存在着较大差别。同时,表4.2 还列出了其他控制变量的描述性统计,均在正常范围之内,与相关文献的研究基本一致,这里不再一一赘述。同时,为了防止极端值的影响,保持数据的平稳性,我们对原始数据中的连续变量进行了 Winsorize 处理,表4.2 中的数据为缩尾之后的结果。

表 4.2　　　　　　　　　　　　主要变量的描述性统计

变量	观测值	平均值	标准差	最小值	P25	P50	P75	最大值
CS	6914	2.1674	1.5560	−2.4175	0.9097	1.9725	3.2223	7.6198
Insured	6914	0.1404	0.3475	0.0000	0.0000	0.0000	0.0000	1.0000
Lev	6914	0.6211	0.1450	0.0749	0.5221	0.6402	0.7335	1.0564
Size	6914	24.6616	1.5242	20.5727	23.5651	24.5440	25.8293	28.6365
Roa	6914	0.0283	0.0394	−0.3823	0.0129	0.0264	0.0438	0.2477

变量	观测值	平均值	标准差	最小值	P25	P50	P75	最大值
Current	6914	1.1545	0.6647	0.0605	0.7441	1.1054	1.4257	10.6333
Retinv	6914	0.0550	−0.0510	−0.9889	0.0361	0.0554	0.0774	0.3094
Dirsize	6914	2.2183	0.2220	1.6094	2.0794	2.1972	2.3979	2.8904
Indep	6914	38.7443	7.2434	20.0000	33.3300	36.3600	42.8600	80.0000
Malro	6914	84.2293	10.4798	40.0000	77.7800	85.7100	92.0000	100.0000
Bsr	6914	38.2584	15.7496	3.6200	26.3300	36.9200	49.4600	89.9900
Insprop	6914	63.5234	22.5765	0.0129	49.2275	67.1988	80.7193	151.9668
Sep	6914	5.0663	7.9080	−0.0001	0.0000	0.0000	8.5429	56.1094
Term	6914	2.1880	2.0090	0.0800	0.7500	1.0000	3.0000	15.0000
Acisqy	6914	0.0283	0.0334	0.0002	0.0079	0.0172	0.0360	0.7075

2. 相关性检验

为了检验变量之间是否存在多重共线性，本章通过检验变量的方差膨胀因子 VIF 进行初步判断，表 4.3 汇报了变量之间的多重共线性检验结果。表中结果显示：除了资产收益率（*Roa*）和资本回报率（*Retinv*）这两个变量的方差膨胀因子大于 10 之外，其余变量的 VIF 值均低于 10，且所有变量的 VIF 均值为 3.11，远远小于 10 这一临界值。因此，基于表 4.3 我们可以初步判定，本章所使用的主要变量之间不存在多重共线性问题。

表 4.3   **多重共线性检验**

变量	VIF	1/VIF
Roa	13.39	0.0747
Retinv	11.49	0.0870

续表

变量	VIF	1/VIF
Size	3.38	0.2960
Insprop	2.29	0.4368
Acisqy	2.08	0.4815
Lev	2.04	0.4899
Dirsize	1.55	0.6432
Indep	1.55	0.6464
Bsr	1.49	0.6693
Current	1.43	0.6979
Malro	1.20	0.8323
Insured	1.17	0.8517
Term	1.15	0.8708
Sep	1.09	0.9157
Mean VIF	3.11	

注：表中的变量按照方差膨胀因子由大到小排列。

进一步，本章还进行了 Pearson 相关系数检验，结果如表 4.4 所示。在不考虑其他变量的情况下，董责险与信用利差在 1% 的水平上显著负相关，表明上市企业引入董责险后，公司债券的信用利差将会显著降低，董责险发挥了积极的治理作用。该结果与假设 H1b 结论相反，初步验证了假设 H1a。同时，本章选取的控制变量中企业规模、资产收益率、资本回报率、董事会规模、独立董事比例、管理层性别、第一大股东持股比例与债券信用利差显著负相关，而资产负债率、两权分离度、债券发行量、债券到期期限与信用利差显著正相关，符合理论预期。我们还可以观察到，两两变量之间相关系数绝对值都在 0.5 之下，说明变量之间不存在显著的多重共线性问题。

表4.4

相关性统计分析

变量	CS	Insured	Lev	Size	Roa	Current	Retinv	Dirsize	Indep	Malro	Bsr	Insprop	Sep	Acisqy	Term
CS	1.000														
Insured	-0.224***	1.000													
Lev	0.067***	-0.031**	1.000												
Size	-0.427***	0.415***	0.409***	1.000											
Roa	-0.065***	0.149***	-0.479***	-0.105***	1.000										
Current	0.176***	-0.092***	-0.228***	-0.255***	0.159***	1.000									
Retinv	-0.025**	0.124***	-0.328***	-0.070***	0.944***	0.073***	1.000								
Dirsize	-0.093***	0.053***	0.022*	0.174***	0.071***	-0.172***	0.063***	1.000							
Indep	-0.125***	0.164***	0.098***	0.188***	-0.096***	-0.076***	-0.079***	-0.454***	1.000						
Malro	-0.114***	0.161***	0.096***	0.285***	-0.078***	-0.180***	-0.061***	0.079***	0.151***	1.000					
Bsr	-0.185***	0.199***	-0.014	0.293***	0.031***	-0.086***	0.020*	0.001	0.172***	0.257***	1.000				
Insprop	-0.363***	0.391***	0.119***	0.532***	-0.004	-0.250***	0.001	0.206***	0.119***	0.307***	0.589***	1.000			
Sep	0.064***	0.017	0.026*	-0.067***	-0.009	-0.050***	-0.005	-0.045***	-0.004	-0.057***	-0.020*	0.096***	1.000		
Acisqy	0.292***	-0.229***	-0.337***	-0.653***	0.094***	0.358***	0.062***	-0.091***	-0.114***	-0.098***	-0.086***	-0.265***	0.011	1.000	
Term	0.188***	-0.008	0.048***	0.035***	-0.002	0.243***	-0.033***	0.012	-0.033***	0.034***	0.049***	0.009	-0.034***	0.161***	1.000

注：* 表示 $p < 0.1$，** 表示 $p < 0.05$，*** 表示 $p < 0.01$。

4.3 实 证 结 果

4.3.1 董责险与公司债信用利差：基准回归

表 4.5 汇报了董责险投保与否与公司债信用利差之间的基准回归结果。列（1）为单变量回归结果，列（2）在列（1）的基础上加入了控制变量，列（3）则汇报了董责险投保额及其他控制变量与公司债券信用利差的回归结果。

表 4.5　　　　董责险对公司债券信用利差影响的基准回归结果

变量	（1） CS	（2） CS	（3） CS
Insured	− 0. 5179 *** （0. 0402）	− 0. 1406 *** （0. 0374）	
Insured_M			− 34. 5879 ** （14. 2523）
Lev		1. 5285 *** （0. 1316）	1. 5719 *** （0. 1316）
Size		− 0. 3203 *** （0. 0156）	− 0. 3355 *** （0. 0152）
Roa		− 5. 1630 *** （1. 1304）	− 4. 9555 *** （1. 1319）
Current		0. 0906 *** （0. 0245）	0. 0920 *** （0. 0245）
Retinv		2. 3944 *** （0. 7969）	2. 2781 *** （0. 7979）

续表

变量	(1) CS	(2) CS	(3) CS
Dirsize		- 0. 1043 (0. 0679)	- 0. 1007 (0. 0679)
Indep		- 0. 0079 *** (0. 0020)	- 0. 0081 *** (0. 0020)
Malro		- 0. 0030 ** (0. 0013)	- 0. 0028 ** (0. 0013)
Bsr		- 0. 0036 *** (0. 0010)	- 0. 0036 *** (0. 0010)
Insprop		- 0. 0095 *** (0. 0008)	- 0. 0096 *** (0. 0008)
Sep		0. 0137 *** (0. 0016)	0. 0137 *** (0. 0016)
Term		0. 0928 *** (0. 0062)	0. 0926 *** (0. 0062)
Acisqy		- 3. 1619 *** (0. 5146)	- 3. 2745 *** (0. 5144)
Cons	2. 8434 *** (0. 3206)	10. 9060 *** (0. 4676)	11. 2186 *** (0. 4625)
Ind	Yes	Yes	Yes
Year	Yes	Yes	Yes
Adj. R^2	0. 5523	0. 6476	0. 6472
N	6914	6914	6914

注：* 表示 $p < 0.1$，** 表示 $p < 0.05$，*** 表示 $p < 0.01$；括号内为公司层面聚类下的标准误。

从列（1）和列（2）的结果可以看到，无论是否加入控制变量，公司债券信用利差与董责险之间的回归系数皆在1%的水平上显著为负，即投保企业购入董责险后，公司债券信用利差显著下降。该结果支持了假设 H1a，即董事高管责任险会降低公司债券的信用利差，该结果支持董责险的外部监督假说成立。同时，经计算可知，董责险每提高 1 个标准差，公司债券信用利差将会降低 0.116 个标准差①。

列（3）的解释变量与债券信用利差的回归系数依旧在 1% 的水平上显著为负，进一步支持了假设 H1a。该结果表明，企业为了防控风险而购买董事高管责任险时，自动引入了保险公司这一第三方监督机构，保险公司能够对投保企业进行全方面调查和严格的外部审核，激励管理层理智决策、勤勉尽职，减少管理层因不必要的工作疏忽和道德风险引发的经济"惩罚"风险。董责险发挥了外部监督效应，当该效应被债券投资者获知并认可时，他们就可能会要求一个相对较低的风险溢价补偿，从而表现为公司债券信用利差下降。

4.3.2　董责险与公司债信用利差：基于债券期限的分组回归

根据贴现现金流理论，债券的发行价格以及债券信用利差与债券的发行时间有关。因此，为了控制其他干扰因素的影响，更准确地研究董责险与信用利差之间的关系，本章将公司债券按发行期限进行分组，期限在一年以下的短期公司信用债归为 CS1 组，一年以上（含一年）五年以下的中长期信用债归为 CS2 组，五年以上（含五年）的长期信用债归为 CS3 组。下面拟通过比较不同组间系数的大小及显著性，从而更准确地评估和区分董责险对不同发行期限的公司债信用利差的影响差异。具体回归结果如表 4.6 所示。

表 4.6　　　　　　　　根据债券期限分组回归检验结果

变量	（1） CS1	（2） CS2	（3） CS3
Insured	0.0134 （0.1001）	− 0.4606 *** （0.0912）	− 0.2741 * （0.1414）

① 具体计算过程为 − 0.5179 × 0.3475/1.5560 = − 0.116。

续表

变量	（1） CS1	（2） CS2	（3） CS3
Lev	0.9636 *** （0.2451）	2.5457 *** （0.2342）	1.6058 *** （0.3049）
Size	−0.1883 *** （0.0295）	−0.3203 *** （0.0156）	−0.4002 *** （0.0329）
Roa	−22.9310 *** （2.4894）	−10.7880 *** （2.1271）	−11.1268 *** （3.5471）
Current	0.0182 （0.0560）	0.2664 *** （0.0488）	0.0359 （0.0391）
Retinv	18.6545 *** （1.8314）	7.4833 *** （1.4394）	7.7673 *** （2.7079）
Dirsize	−0.0686 （0.1233）	−0.2107 （0.1392）	0.1408 （0.1631）
Indep	−0.0066 （0.0049）	−0.0093 ** （0.0044）	−0.0126 *** （0.0036）
Malro	0.0041 * （0.0024）	−0.0044 * （0.0026）	0.0181 *** （0.0033）
Bsr	0.0007 （0.0024）	0.0008 （0.0020）	0.0055 *** （0.0019）
Insprop	−0.0150 *** （0.0017）	−0.0099 *** （0.0016）	−0.0107 *** （0.0019）
Sep	0.0077 ** （0.0030）	0.0070 ** （0.0032）	0.0163 *** （0.0040）
Term	1.2563 *** （0.0989）	0.0233 （0.0302）	0.0493 ** （0.0235）
Acisqy	−3.2609 * （1.9434）	−2.9886 *** （1.0345）	1.7007 * （0.9968）

续表

变量	(1) CS1	(2) CS2	(3) CS3
Cons	0.7510 *** (0.2406)	4.2178 *** (2.4336)	3.2186 *** (1.2463)
Ind	Yes	Yes	Yes
Year	Yes	Yes	Yes
Adj. R^2	0.6547	0.5526	0.5735
N	3251	1935	1728
组间系数检验 P 值		0.028	0.033

注: * 表示 p < 0.1, ** 表示 p < 0.05, *** 表示 p < 0.01;括号内为公司聚类层面下的标准误。

列(1)中,董责险与短期企业债信用利差(CS1)的回归系数为 0.0134,但不显著,而与中长期债信用利差(CS2)的回归系数为 -0.4606,在 1% 的水平上显著负相关,与长期信用利差(CS3)的回归系数为 -0.2741,在 10% 的水平上显著负相关。该结果表明,董责险对中长和长期债券的信用利差具有显著的降低作用,而对短期公司债信用利差不具有显著的影响。其原因可能是,公司短期债券由于发行期限较短,其信用利差更多地受到市场利率、信用风险、信用评级、市场流动性等因素的显著影响,相比这些强市场因素,市场投资者对董责险的外部治理效果还来不及给出充足的反应和认可;而长期信用利差除了受市场利率、市场流动性等因素的影响外,还反映了投资者对长期信用风险的预期,董责险主要涵盖董事和高管人员的过失或不当行为导致的损失,由于这些行为的暴露时间可能较长,因此董责险与中长期信用利差与长期信用利差之间的关系更为显著。

4.4 本章小结

已有的关于董责险治理效果的研究存在"激励监督假说"和"机会主义

假说"两种截然相反的观点。支持"激励监督假说"的研究认为，引入董责险治理不仅可以降低管理层的履职风险，还可以通过引入保险公司这一外部监督机制，提升公司治理水平，从而有效激励和监督管理层科学并大胆决策，并降低企业债务融资成本。而支持"机会主义假说"的研究则认为，董责险的购买降低了法律的威慑作用，导致管理层的决策更为激进和自利，并带来诸如提高企业股权融资成本、降低企业投资效率以及企业绩效等消极的经济后果。那么，董责险治理的引入能够有效激励和监督管理层科学决策，提升公司治理水平，提高企业信息透明度，从而降低公司债券融资成本呢？还是会诱发管理层的决策更加激进和自利从而加剧公司融资约束，提高公司债券融资成本呢？

基于对上述问题的考虑，本章以 2002 ~ 2022 年沪深 A 股非金融类上市公司为研究样本，考察了董责险治理对公司债信用利差的影响。研究发现，董责险这一外部治理机制能够显著降低公司债信用利差，该结果支持了董责险的"激励监督假说"。具体而言，购买董责险引入了第三方保险机构对企业高管层进行监督，督促其积极履职，并在投保前、中、后期把控企业风险，增强企业的内部治理，发挥了"激励监督"效应，有效降低企业违约风险概率，进一步保护了债权人权益，从而降低了公司债信用利差。进一步，董责险对企业中长期债券信用利差的降低作用更为明显。因此，董责险的引入，特别是保险合同的长期签订行为，将会对降低公司中长期债券的融资成本起到更为显著的作用。

在本章中，我们只是探讨了董责险治理对降低公司债信用利差的积极影响，但董责险与公司债券信用利差之间关系的稳健性还有待进一步验证。因此，第 5 章将在本章结论的基础上，通过安慰剂检验、工具变量法、遗漏变量法以及倾向得分匹配法进一步验证二者关系的稳健性。同时，第 5 章还将基于不同视角，再次探究董责险治理对公司债信用利差影响的差异性。

第5章　董事高管责任险对公司债信用利差影响的进一步分析

5.1　董事高管责任险与公司债信用
利差关系的稳健性检验

第 4 章的基准回归实验发现，董责险通过发挥激励监督效应，有效显著地降低公司债信用利差。考虑到实验由于可能存在的内生性问题而导致的估计偏误问题，本章将通过利用安慰剂检验（placebo test）、工具变量法（instrumental variables）、遗漏变量法（omitted variables）、倾向得分匹配法（propensity score matching）这四种方法对第 4 章的基准回归结果再次进行检验。

5.1.1　安慰剂检验

在因果关系分析中，往往可能因存在未观测到的随机因素，导致原估计结果出现偏误，从而引起内生性问题。安慰剂检验是一种用于验证政策效应是否可靠的统计检验方法，主要用于排除非政策因素或未观测到的随机因素对研究结果的影响，确保研究结果的可靠性。安慰剂检验通过构造"伪政策"，具体包括改变政策发生时间、随机生成实验组、替换样本和替换变量等方法来检验实验结果的稳健性（王永钦和吴娴，2019；黄俊威和龚光明，2019；林毅夫等，2020）。如果使用"安慰剂"后依然得到了相同的政策效应，则表明基准回归中的政策效应不可靠，可能是由其他不可观测因素导致的；反之，原基准回归结果是可靠、稳健的。

借鉴王永钦和吴娴（2019）等学者的研究，本章使用 Stata 相关命令随机生成董责险购买与否的哑变量进行重新检验，同时为提高检验结果的可靠性，实验将此随机过程重复 1000 次，并产生 1000 个回归系数估计值。通过观察估计系数的概率密度分布图 5.1，可以发现，这 1000 个估计值较为集中地分布在横轴零点左右两侧，且基本符合正态分布。该分布图表明，随机生成的董责险购买与否的哑变量不影响原实验结果。也就是说，第 4 章的基准回归实验并未受到未观测到的随机因素的干扰，回归结果具有稳健性。

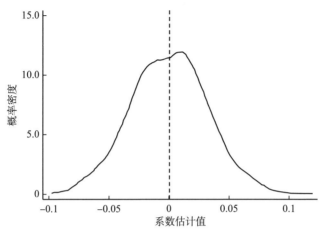

图 5.1 估计系数的概率密度分布

5.1.2 工具变量法

工具变量法是一种统计方法，用于解决模型中的内生性问题，特别是当解释变量与误差项相关时。当一个解释变量与模型中的随机误差项相关时，普通的回归分析会受到内生性问题的影响，导致估计结果偏误。工具变量法通过引入一个与随机解释变量高度相关但不与随机误差项相关的变量，来估计模型中的回归系数。这种方法可以提供一个一致的估计量，从而帮助研究者更准确地理解变量之间的因果关系。工具变量的选择需要满足两个主要条件：相关性和外生性。相关性是指工具变量与模型中的随机解释变量高度相关；外生性是指工具变量与随机误差项不相关。

为了避免实验选取的样本存在偏误，本章选取"董监高是否具有海外背景（*Mnback*）"作为本章的第一个工具变量（IV）解决可能存在的内生性问题。据不完全统计，目前在我国，10%左右的 A 股上市企业购买了董责险。[①]
而美国上市公司董责险投保率超过 90%，我国 H 股市场上市公司的董责险投
保率也高达 80%，加拿大市场投保率亦高达 86%。[②] 从这里可以看出，具有
海外背景的董监高对董责险的作用较为熟悉与认可，可能会更加倾向于做出
购买的决定，但他们的海外背景对企业投资选择行为往往无影响。因此，我
们认为，"董监高是否具有海外背景"的虚拟变量满足"与公司做出购买董
责险决策相关、与企业融资成本无关"的外生性要求，可以将"董监高是否
具有海外背景"的虚拟变量作为工具变量。

表 5.1 的列（1）和列（2）报告了使用工具变量后，运用两阶段最小二
乘法（2SLS）重新实验的回归结果。第（1）列为 2SLS 中第一阶段的回归结
果，可以看出工具变量（*Mnback*）与董责险的回归系数为 0.0383，在 1% 的
水平上显著为正，表明上市企业的董监高具有海外背景可以促进企业对董责
险的购买。列（2）为 2SLS 中第二阶段的回归结果，其中董责险（*Insured*）
的系数为 -2.7768，且在 1% 的水平上显著。列（1）和列（2）的结果再次
表明，在考虑并控制了董责险与随机误差项可能存在的内生性问题后，本章
的基准回归结果仍成立，即董责险的购买确实能够降低公司债信用利差。

表 5.1   **工具变量与遗漏变量检验结果**

变量	（1） *Insured*	（2） *CS*	（3） *CS*
Mnback	0.0383 *** (0.0094)		
Insured		-2.7768 *** (0.9933)	-0.2615 *** (0.0623)

① 资料来源：根据 Wind 数据库相关资料整理而得，具体数据见本书表 3.1 中我国上市公司购
买董责险的年度分布情况。

② 资料来源：Directors & Officers Insurance Market Insights H1 2023｜Aon Insights ［EB/OL］. ht-
tps：//aoninsights. com. au/directors - officers - insurance - market - insights - h1 - 2023/.

续表

变量	(1) Insured	(2) CS	(3) CS
Age			− 0. 0137 *** (0. 0030)
Mh			0. 0097 *** (0. 0017)
Crdrate			− 0. 3691 *** (0. 0211)
Lev	− 0. 2123 *** (0. 0425)	0. 9989 *** (0. 2631)	1. 2344 *** (0. 1641)
Size	0. 0968 *** (0. 0049)	− 0. 0574 (0. 1010)	− 0. 3095 *** (0. 0207)
Roa	− 0. 6679 * (0. 3652)	− 6. 8464 *** (1. 6054)	− 4. 8009 *** (1. 2857)
Current	− 0. 0056 (0. 0079)	0. 0800 ** (0. 0322)	0. 0743 *** (0. 0260)
Retinv	0. 3271 (0. 2574)	3. 2381 *** (1. 0874)	1. 6665 * (0. 9101)
Dirsize	− 0. 0730 *** (0. 0221)	− 0. 2686 ** (0. 1080)	− 0. 2339 ** (0. 0924)
Indep	0. 0002 (0. 0007)	− 0. 0071 *** (0. 0027)	0. 0016 (0. 0028)
Malro	− 0. 0020 *** (0. 0004)	− 0. 0085 *** (0. 0027)	− 0. 0074 *** (0. 0017)
Bsr	0. 0001 (0. 0003)	− 0. 0035 *** (0. 0013)	− 0. 0066 *** (0. 0013)
Insprop	0. 0008 *** (0. 0003)	− 0. 0073 *** (0. 0014)	− 0. 0025 ** (0. 0011)
Sep	− 0. 0004 (0. 0005)	0. 0124 *** (0. 0021)	0. 0067 *** (0. 0020)

续表

变量	(1) *Insured*	(2) *CS*	(3) *CS*
Term	−0.0006 (0.0020)	0.0900 *** (0.0081)	−0.0145 (0.0096)
Acisqy	0.6971 *** (0.1662)	−1.3970 (0.9445)	−3.5681 *** (0.5476)
Cons	−1.8499 (0.1507)	5.8047 *** (2.0145)	13.3198 *** (0.0003)
Ind	Yes	Yes	Yes
Year	Yes	Yes	Yes
N	6914	6914	4091

注：* 表示 $p < 0.1$，** 表示 $p < 0.05$，*** 表示 $p < 0.01$；括号内为公司聚类层面下的标准误。

5.1.3 遗漏变量法

遗漏变量法偏误（Omitted Variable Bias）是统计学和社会科学研究中一种常见的问题，指的是在统计模型中遗漏了一些重要的变量，使得模型不能全面地反映被研究现象的本质，从而导致对研究结果的误解或偏差，而遗漏变量法则是通过引入代理变量或控制变量来减轻遗漏变量带来的偏误。

为了减少遗漏变量对结果造成的干扰，参考肖作平和廖理（2007）、杨志强等（2021）的研究，本章在列（3）中新引入"企业年龄（*Age*）""管理层持股比例（*Mh*）""债券信用评级（*Crdrate*）"这三个控制变量，以尽可能地减少遗漏变量对债券信用利差产生的影响。首先，用"观测年度减 IPO 年度"表示企业年龄（*Age*），用"董监高持股数量占总股数量之比"表示管理层持股比例（*Mh*），同时根据债券发行时的评级结果对公司债券信用评级（*Crdrate*）进行赋值，当评级结果为 AAA、AA +、AA、AA −、A +、A − 时，*Crdrate* 分别赋值为 6、5、4、3、2、1。其次，在第 4 章基准回归模型

（4 - 1）的基础上，增加这三个新的控制变量重新进行实证分析。最后，回归结果如表 5.1 中列（3）所示。

列（3）中，董责险（*Insured*）与信用利差（*CS*）的回归系数为 - 0.2615，依旧在 1% 的水平上显著。另外，企业年龄（*Age*）和债券信用评级（*Crdrate*）与公司债信用利差（*CS*）显著负相关，而管理层持股比例（*Mh*）与信用利差（*CS*）显著正相关。该结果表明，在增加了企业年龄（*Age*）、管理层持股比例（*Mh*）和债券信用评级（*Crdrate*）这三个变量后，回归结果与基准回归结果保持一致，基准回归结论依旧稳健。

5.1.4 倾向得分匹配法

倾向得分匹配法（PSM）主要用于处理观察性研究中的偏差问题。其基本原理是通过计算每个个体接受某种处理的概率（即倾向得分），然后根据这个概率将实验组和对照组的个体进行匹配，使得两组在关键变量上具有可比性。这种方法旨在模拟随机分配的效果，从而减少由于非随机分配带来的选择偏差，使因果推断更为准确。本章参考胡国柳等（2019）的研究，采用倾向得分匹配法（PSM）控制上市企业是否因购入董责险产生的自选择偏误而可能导致的内生性问题。具体方法如下。

第一步，运用 Probit 模型对企业是否购买董责险进行倾向性打分，在此基础上对样本数据进行半径匹配和一对一近邻匹配；第二步，根据匹配结果对样本进行分组，将购买董责险的样本企业作为实验组，其余作为对照组；第三步，对得到的两组数据进行平衡性检验；第四步，在通过平衡性检验后，本章分别对半径匹配和一对一近邻匹配后的样本重新进行回归分析。

表 5.2 为实验组和对照组数据的平衡性检验结果。从标准差变动结果来看，匹配后，处理组和对照组变量的标准偏差大幅度降低，且匹配后的标准偏差的绝对值全部在 10% 以内；从 T 检验结果来看，匹配后变量的 T 值不再显著，表明实验组和对照组的特征变量均值不存在显著差异。综上所述，实验组

和对照组的数据通过了平衡性假设，消除了样本自选择可能导致的估计偏误。

表 5.2 平衡性检验结果

变量	匹配	均值		标准偏差（%）	标准偏差降低幅度（%）	T 检验	
		处理组	对照组			T 值	P 值
Size	匹配前	25.947	24.452	106.2	99.6	30.15	0.000
	匹配后	25.827	25.833	− 0.4		− 0.09	0.929
Current	匹配前	1.0313	1.1746	− 24.4	89.7	− 6.24	0.000
	匹配后	1.0348	1.0495	− 2.5		− 0.63	0.527
Lev	匹配前	0.6374	0.6184	13.7	71.5	3.78	0.000
	匹配后	0.6404	0.6350	3.9		0.83	0.409
Roa	匹配前	0.0243	0.0289	− 12.1	62.1	− 3.33	0.001
	匹配后	0.0241	0.0258	− 4.6		− 0.95	0.345
Retinv	匹配前	0.050	0.0559	− 12.8	66.4	− 3.44	0.001
	匹配后	0.049	0.0514	− 4.3		− 0.93	0.352
Dirsize	匹配前	2.2133	2.2191	− 2.6	63.2	− 0.76	0.446
	匹配后	2.2072	2.2094	− 1.0		− 0.20	0.839
Sep	匹配前	4.7291	5.1214	− 5.1	67.4	− 1.43	0.152
	匹配后	4.9603	4.8323	1.7		0.35	0.728
Insprop	匹配前	75.703	61.533	69.9	97.6	18.58	0.000
	匹配后	74.969	75.304	− 1.7		− 0.40	0.686

在通过平衡性检验后，本章分别使用半径匹配和一对一近邻匹配后的样本重新进行回归分析，结果如表 5.3 的第（2）和第（3）列所示。列（2）和列（3）中，董责险（Insured）与公司债信用利差（CS）的回归系数均在1%的水平上显著为负，这一结果依然支持本章的基准回归结论，即董责险的购买能够显著降低投保企业的债券信用利差。

表 5.3 倾向得分匹配回归结果

变量	（1）基准回归 CS	（2）半径匹配 CS	（3）近邻匹配 CS
Insured	− 0. 1406 *** （0. 0374）	− 0. 1358 *** （0. 0381）	− 0. 2484 *** （0. 0495）
Lev	1. 5285 *** （0. 1316）	1. 5220 *** （0. 1325）	0. 1739 （0. 2942）
Size	− 0. 3203 *** （0. 0156）	− 0. 3197 *** （0. 0158）	− 0. 2613 *** （0. 0357）
Roa	− 5. 1630 *** （1. 1304）	− 5. 3599 *** （1. 1399）	− 9. 0452 *** （2. 5266）
Current	0. 0906 *** （0. 0245）	0. 0917 *** （0. 0246）	0. 1051 （0. 0688）
Indep	− 0. 0079 *** （0. 0020）	− 0. 0078 *** （0. 0021）	− 0. 0044 （0. 0038）
Retinv	2. 3944 *** （0. 7969）	2. 5490 *** （0. 8041）	2. 8796 （1. 8982）
Dirsize	− 0. 1043 （0. 0679）	− 0. 0962 （0. 0685）	0. 1039 （0. 1428）
Malro	− 0. 0030 ** （0. 0013）	− 0. 0030 *** （0. 0014）	− 0. 0005 （0. 0030）
Bsr	− 0. 0036 *** （0. 0010）	− 0. 0035 *** （0. 0010）	− 0. 0075 *** （0. 0021）
Insprop	− 0. 0095 *** （0. 0008）	0. 0096 *** （0. 0008）	− 0. 0122 *** （0. 0022）
Sep	0. 0137 *** （0. 0016）	− 0. 0136 *** （0. 0016）	0. 0091 *** （0. 0033）
Term	0. 0928 *** （0. 0062）	0. 0933 （0. 0063）	0. 0750 *** （0. 0108）
Acisqy	− 3. 1619 *** （0. 5146）	− 3. 1904 *** （0. 5178）	− 14. 5836 *** （2. 0172）

续表

变量	(1) 基准回归 *CS*	(2) 半径匹配 *CS*	(3) 近邻匹配 *CS*
Cons	10. 9060 *** (0. 4676)	10. 8704 *** (0. 4707)	12. 5064 *** (1. 2255)
Ind	Yes	Yes	Yes
Year	Yes	Yes	Yes
Adj. R^2	0. 6476	0. 6443	0. 6843
N	6914	6846	1441

注：＊表示 p < 0.1，＊＊表示 p < 0.05，＊＊＊表示 p < 0.01；括号内为公司聚类层面下的标准误。

5.2 不同视角下董事高管责任险对公司债信用利差影响的差异性检验

5.2.1 基于股权性质视角的检验

在我国经济飞速发展的进程中，国有企业扮演着支柱角色，支撑着整个经济的运转。当这些企业面临危机时，政府作为实际出资人会提供相应的补贴和扶持，确保其渡过难关。同时，国有企业的运营和发展受到政府的指导和监管，这种强监管有助于提高企业的信息披露质量，改善其内部治理机制，并降低公司违约风险的可能性，从而规范国有企业的资产交易和资产流动，以避免其滥用职权而造成潜在损失。周宏等（2018）发现公司内部治理效果越好，信用利差越低，并且这种效果在民营企业中比在国有企业中更显著。陆正飞等（2015）也通过实证得出，国有产权性质企业带来的强监督和隐性担保，会提高企业的信息披露质量，降低企业债务违约风险的概率。鉴于此，本章认为，对于具有不同所有权性质的公司信用债券，外部投资者会综合考量其市场风险和隐性收益对债券定价的影响，从而要求的风险溢价也不同。因此，本章根据股权性质（Soe）对样本企业进行分组，用以检验不同所有权下董责险对公司债券信用利差的影响是否存在差异，具体回归结果如表 5.4 所示。

表 5.4 分组回归检验结果

变量	（1）Soe = 1	（2）Soe = 0	（3）Big4 = 1	（4）Big4 = 0
Insured	0.0022 (0.0317)	− 0.1928 * (0.1090)	0.0286 (0.0434)	− 0.2674 *** (0.0616)
Lev	0.8443 *** (0.1252)	1.8442 *** (0.2895)	0.8288 *** (0.2991)	1.6552 *** (0.1629)
Size	− 0.2372 *** (0.0149)	− 0.6115 *** (0.0384)	− 0.0328 (0.0282)	− 0.3324 *** (0.0213)
Roa	− 5.1047 *** (1.2838)	− 11.6974 *** (1.7397)	3.9988 * (2.1025)	− 7.7684 *** (1.3920)
Current	0.0276 (0.0271)	0.1132 *** (0.0400)	3.9988 * (2.1025)	0.0916 *** (0.0287)
Retinv	1.5082 (0.9458)	6.5939 *** (1.1735)	− 4.1297 *** (1.5195)	4.6500 *** (0.9645)
Dirsize	0.2384 *** (0.0617)	− 0.0912 (0.1620)	− 0.2701 ** (0.1087)	− 0.1467 * (0.0883)
Indep	− 0.0022 (0.0018)	− 0.0037 (0.0054)	− 0.0180 *** (0.0025)	− 0.0057 * (0.0029)
Malro	− 0.0053 *** (0.0014)	0.0057 ** (0.0023)	0.0077 *** (0.0027)	− 0.0047 *** (0.0016)
Bsr	− 0.0032 *** (0.0010)	− 0.0018 (0.0020)	0.0026 (0.0018)	− 0.0049 *** (0.0013)

变量	（1） Soe = 1	（2） Soe = 0	（3） Big4 = 1	（4） Big4 = 0
Insprop	− 0. 0092 *** (0. 0009)	− 0. 0005 (0. 0013)	− 0. 0094 *** (0. 0015)	− 0. 0096 *** (0. 0010)
Sep	0. 0049 *** (0. 0016)	− 0. 0133 *** (0. 0031)	0. 0267 *** (0. 0023)	0. 0091 ** (0. 0020)
Term	0. 0979 *** (0. 0053)	0. 0897 *** (0. 0146)	0. 0873 *** (0. 0073)	0. 0897 *** (0. 0086)
Acisqy	− 2. 1674 *** (0. 5651)	− 3. 5762 *** (0. 8183)	− 3. 2625 ** (1. 3059)	− 2. 8433 *** (0. 5983)
Cons	8. 6263 *** (0. 4227)	16. 2717 *** (1. 2014)	3. 8869 *** (0. 7376)	11. 1895 *** (0. 5903)
Ind	Yes	Yes	Yes	Yes
Year	Yes	Yes	Yes	Yes
Adj. R^2	0. 7128	0. 6160	0. 7236	0. 6045
N	4779	2135	2125	4789

注：* 表示 $p < 0.1$，** 表示 $p < 0.05$，*** 表示 $p < 0.01$；括号内为公司聚类层面下的标准误。

列（1）和列（2）显示，在国有企业（Soe = 1）中，董责险与信用利差的回归系数为 0. 0022，不存在显著关系，而在非国有企业（Soe = 0）中董责险与信用利差的回归系数为 − 0. 1928，在 10% 的水平上显著。这很可能是因为，相比于非国有企业，国有企业的所有权属于国家，政府会对其进行更为严格的监管，防止腐败和滥用职权现象的发生。而对于非国有企业来说，在缺乏政府部门监管的情况下，董责险的引入将有效发挥外部监督的补充作用，并通过外部监督进一步提高公司内部治理效果，董责险这种"雪中送炭"的作用被投资者识别并接受，从而达到进一步降低企业的债券融资成本的作用。

5.2.2 基于审计师质量视角的检验

公司的发展情况和财务状况反映了公司的信誉情况，这些信息可以通过公司高管和审计师的信息披露行为传递给公司投资者及债权人。越来越多的研究发现，审计师的背景和能力不仅可以有效提高财务报表的信息透明度，还可以增加管理层的问责压力，使得管理层的行为更加谨慎，缓解了管理者与投资者之间的信息不对称问题，有利于投资者做出客观、准确的投资判断。简而言之，审计师的背景和能力是降低债权人维护自身利益成本的关键因素，同时也是提高公司及资本市场效率的重要因素。因此，投资者在进行债券投资时不仅要考虑企业股权性质，也会进一步考虑审计师对企业年报审计的强度，而往往由国际四大会计师事务所审计的企业年报，会对公司管理层起到更好的监督效果。

因此，本章根据企业是否接受来自国际四大会计师事务所①进行审计这一标准进行分组，基于审计师质量视角检验董责险对公司信用债券利差的影响差别，具体结果如表 5.4 中列（3）和列（4）所示。

列（3）中，接受来自国际四大会计师事务所（$Big4 = 1$）审计的企业，其董责险与信用利差的回归系数为 0.0286，且不显著，而列（4）中，由非国际四大会计师事务所（$Big4 = 0$）审计的企业，其董责险与信用利差的回归系数为 -0.2674，且在 1% 的水平上显著。该结果表明，在审计师质量较低的企业中，董责险能够有效降低公司债券信用利差，而在审计师质量较高的企业中，董责险的引入对公司债券信用利差无显著影响。这可能是因为：由国际四大会计师事务所审计的企业，国际四大会计师事务所会帮助企业评估和改进其风险管理体系和内部机制，以确保企业在运营过程中有效管理风险，

---

① 国际四大会计师事务所分别为普华永道（PwC）、德勤（DTT）、毕马威（KPMG）和安永（EY）。

防范管理层潜在的不当行为，企业内部治理机制会更加规范，此时，董责险积极的治理效应不再显著，董责险与信用利差不存在显著关系；与之相反，非国际四大会计师事务所（$Big4=0$）审计的企业，其内部管理相对较弱，董责险这种外部监管机制能够有效发挥其积极的治理效应，此时董责险与公司信用利差之间仍然表现为显著负相关。

5.2.3 基于债权人保护程度视角的检验

资本市场既是信息市场，又是信用市场，债权人利益的保护对于培育信用市场至关重要。金融危机爆发后，资本市场中不断涌现的公司丑闻揭示了涉及公司、高管、审计师及其他相关利益体的信用危机。将金融危机归因于制度缺陷相对于将其视为信用危机的结果，缺乏充分的论证支持。并且债权人的利益受损最主要原因来源于高管层信用危机所引发的道德风险，在道德风险被数倍放大的情况下，金融风险随风而至（仇晓光和邱本，2011）。因此，如果公司积极保护债权人的权益并披露相关信息，并采取了措施来保护其利益，这时债权人可能会对公司的经营行为和道德标准更加认可，从而降低对公司违约风险的评估。

如表5.5所示，列（1）和列（2）是根据上市公司"是否披露债权人权益保护（$Credpro$）"进行分组回归的实验结果。列（1）显示，在披露债权人保护（$Credpro=1$）组内，董责险对公司信用利差之间不存在显著的降低效应。该结果表明，在债权人权益保护程度高的企业中，企业信息披露的透明度提高，债权人的合法权益能够得到有效保护，进而削弱了外部投资者对公司债券定价时要求的溢价率，此时董责险发挥的外部监督治理效果有限。而在列（2）中，未披露债权人保护（$Credpro=0$）的企业，其董责险与公司债信用利差的回归系数为-0.4753，且在10%的水平上显著负相关，这意味对于债权人权益保护程度较低的企业，其引入董责险后，董责险的强监督作用可以解决由于信息不透明、权益保护不周引发的融资成本溢价问题，从而表现为公司债信用利差随着董责险的购入而降低。

表 5.5　不同视角下董事高管责任险对公司债信用利差影响的差异性检验

变量	（1） Credpro = 1	（2） Credpro = 0	（3） Systcon = 1	（4） Systcon = 0
Insured	0.0307 (0.0418)	− 0.4753 * (0.0756)	0.0316 (0.0662)	− 0.1871 *** (0.0443)
Lev	1.3657 *** (0.1690)	1.5413 *** (0.2178)	1.1108 *** (0.2614)	1.6292 *** (0.1517)
Size	− 0.3012 *** (0.0195)	− 0.3062 *** (0.0264)	− 0.2235 *** (0.0293)	− 0.3405 *** (0.0181)
Roa	− 8.0080 *** (1.6423)	− 3.9006 *** (1.7888)	5.9600 ** (2.5917)	− 6.2200 *** (1.2651)
Current	0.1090 *** (0.0334)	0.0826 ** (0.0365)	− 0.1100 * (0.0590)	0.1130 *** (0.0272)
Retinv	4.2559 *** (1.2398)	1.8510 * (1.1228)	− 5.4306 *** (1.8991)	3.4733 *** (0.8838)
Dirsize	− 0.0275 *** (0.0815)	− 0.2519 ** (0.1167)	0.4330 *** (0.1329)	− 0.1787 ** (0.0783)
Indep	− 0.0094 *** (0.0024)	− 0.0037 (0.0036)	− 0.0107 *** (0.0038)	− 0.0073 *** (0.0024)
Malro	− 0.0020 (0.0016)	0.0075 ** (0.0023)	− 0.0131 *** (0.0030)	− 0.0028 * (0.0015)
Bsr	− 0.0057 *** (0.0013)	− 0.0032 * (0.0017)	− 0.0057 *** (0.0021)	− 0.0042 *** (0.0012)
Insprop	− 0.0080 *** (0.0010)	− 0.0134 *** (0.0013)	− 0.0085 *** (0.0018)	− 0.0099 *** (0.0009)
Sep	0.0129 *** (0.0020)	− 0.0117 *** (0.0026)	0.0149 *** (0.0030)	0.0127 *** (0.0018)

续表

变量	（1） Credpro = 1	（2） Credpro = 0	（3） Systcon = 1	（4） Systcon = 0
Term	0.1142 *** （0.0077）	0.0628 *** （0.0098）	0.1218 *** （0.0106）	0.0878 *** （0.0072）
Acisqy	− 3.1498 *** （0.6158）	− 2.9800 *** （0.8729）	0.3363 （1.1184）	− 4.0136 *** （0.5769）
Cons	9.8218 *** （1.0466）	11.4858 *** （0.6994）	10.0945 *** （1.0764）	11.4169 *** （0.5189）
Ind	Yes	Yes	Yes	Yes
Year	Yes	Yes	Yes	Yes
Adj. R^2	0.6891	0.6160	0.7389	0.6362
N	4011	2899	1358	5552

注：* 表示 $p < 0.1$，** 表示 $p < 0.05$，*** 表示 $p < 0.01$；括号内为公司聚类层面下的标准误。

5.2.4 基于社会责任制度改善程度视角的检验

自 2005 年起，我国持续完善与企业社会责任相关的指引文件和政策。2006 年，深圳证券交易所发布了《上市公司社会责任指引》；随后，在 2008 年，上海证券交易所也发布了《上海证券交易所上市公司环境信息披露指引》。2015 年，香港联合交易所推出了《ESG 报告指引》。进一步地，2022 年 3 月 16 日，国务院国资委宣布将设立社会责任局，旨在更有效地指导中央企业实施创新驱动发展战略并积极履行社会责任。从这些措施中可见，企业在履行社会责任上正朝着可持续发展的方向不断进步。

社会责任制度改善的披露可以增加投资者对公司的信任和认可，若企业积极履行社会责任并披露相关信息，表明公司对利益相关者的关注和尊重，并会采取措施来保护其声誉和信任度，在这种情况下，投资者会降低对公司信用风险的评估，从而要求更低的风险溢价。表 5.5 中列（3）和列（4）根据上市公司是否披露社会责任制度改善措施（Systcon）进行分组回归，以检验在不同的社会责任制度改善措施下，董责险与公司债信用利差是否会表现出不同的关系。在列（3）中，在企业披露了社会责任制度改善措施（Systcon = 1）的情况下，董责险与信用利差之间不存在显著关系；在列（4）中，企业未披露社会责任制度改善措施（Systcon = 0）的情况下，董责险与信用利差的回归系数为 − 0.1871，在 1% 的水平上显著负相关。这表明社会责任制度改善措施的披露可以缓解信息不对称的情况，使投资者更好地了解公司的经营状况和风险水平，这有助于投资者做出更准确的投资决策，并降低投资风险。然而，董责险作为一种治理机制，通过公司购买董责险来转移董监高在任职期间因疏忽、错误、遗漏等过失行为所致损失的风险。因此，董责险与公司的信用风险有一定的关联性，如果公司积极履行社会责任并披露相关信息，会弱化董责险的强监管治理效应，造成董责险与信用利差之间不存在显著关系。相反，在未披露社会责任制度改善措施时，董责险作为强监管手段，会发挥积极的内部治理效应，提高企业信息披露质量，督促投保企业积极履行社会责任，从而降低信用利差，提高企业融资能力。

综上所述，上市公司购买董责险，保险公司会从利于企业长期发展利益的视角对企业董监高进行监督和约束，督促公司高管积极履职。同时，从实验结果分析中也可以看到，在非国有、审计师质量较低、债权人保护程度较低以及未实施社会责任制度改善措施的企业中，董责险的治理效应得到了充分发挥，董责险能显著降低公司债信用利差，也就是说董责险在我国公司内部治理中起到的是"雪中送炭"，而非"锦上添花"的作用。

5.3 本章小结

考虑到由于可能存在的内生性问题，而导致第 4 章基准回归结果出现偏误，本章在第一节里使用了安慰剂检验、工具变量法、遗漏变量法和倾向得分匹配法对基准回归结果进行了稳健性检验。检验结果显示，无论采取何种检验方法，都能够得到董责险的引入将显著降低公司债券信用利差的结论。综合上述结果，本书基准回归结果是稳健的、可信的。

本章在第二节对董责险与公司债信用利差关系的异质性进行了检验。研究发现，相较国有和接受国际四大会计师事务所审计的企业，购买董责险对非国有和未接受四大审计的企业，其对信用利差降低作用更为突出。可能的原因在于，在我国，非国有企业和非国际四大会计师事务所审计的企业普遍面临监管不足的问题，容易诱发管理层机会主义行为，增加企业的违约风险概率，损害投资者的利益。因此，引入董责险这一外部治理机制，能够有效发挥"激励监督"作用，因而相比国有和接受四大审计的企业，非国有和非四大审计的企业中，董责险的治理效应更为显著，投资者要求的溢价更低，表现为公司债融资成本更低。同时，在未实施债权人保护措施与社会责任制度改善措施披露的企业中，董责险的激励监督作用发挥的效应也更为显著。总的来说，对我国公司内部治理机制不健全的公司，董责险的监督激励作用更大，也就是说董责险在我国发挥的更多的是"雪中送炭"，而非"锦上添花"的作用。

进一步，在本章中，我们只是探讨了董责险治理与公司债信用利差之间关系的稳健性，以及二者关系的异质性，但对董责险发挥作用的影响机制还未深入研究。因此，第6章将在第4章和第5章结论的基础上，通过中介效应分析与假设，进一步探究董责险治理与公司债信用利差的中介效应。

第6章　信息披露质量对董责险与公司债
　　　　信用利差关系的中介效应分析

6.1 理论分析与研究假设

信息作为现代资本市场的核心要素，其传递与披露的质量对市场的稳健运行至关重要。资本市场本质上是一个以信息传递为基础构建的市场体系，在这一体系中，信息披露的质量是衡量公司治理水平的关键指标之一。高质量的信息披露不仅能够有效降低企业与外部市场投资者之间的信息不对称程度，还有助于减少因信息披露不当而引发的诉讼风险。

作为一种新型的外部治理机制，董责险的引入会促使公司更加重视信息披露的质量。保险公司作为外部监督者，会对公司的治理结构和信息披露进行审查，这有助于提高公司的治理水平和风险管理能力，进一步促进信息披露质量的提升。在保险合同中，投保人拥有保险标的的信息优势，保险人拥有保险规则与合同条款的信息优势（邢会强，2013），而依据保险法中的最大诚信原则，在董责险的合同有效期内，投保企业负有向保险公司提供全面且实质性重要信息的义务，以确保合同的有效履行。同时，保险公司根据投保企业所提供的信息来评估承保风险及确定相应的保险费率（李玉泉，2020），若企业披露的信息存在误导性或虚假内容，导致保险公司蒙受损失，受损方有权解除合同或拒绝继续履行。企业关于"是否引入董责险治理""董责险治理保险金额""董责险治理赔偿限额"等信息有助于揭示管理层机会主义行为，可以帮助股东、监管等利益相关者识别和监督管理层机会主义行为，因而企业披露董责险治理相关信息具有重要价值（Chalmers et al.，2002）。袁等（Yuan et al.，2016）通过实证研究发现，董责险能有效推动董监高人员如实披露相关信息，进而提升企业信息披露的整体质量。特别地，在那些盈利能力较强、董事会规模较大或代理成本较高的公司，引入董责险治理后，更有可能提升会计信息的披露质量（张瑞纲和潘玥，2022）。此外，杨丹（2017）的研究也指出，无论是国有企业还是非国有企业，提升董监高的治理水平均有助于优化深交所的信息披露考核结果，这一正面效应主要归功于董责险的外部监督作用。这是因为，为了降低保费，公司会积极改善信息披露的透明度和准确性，从而提升信息披露质量。同时，当上市公司购买董责险后，保险公司作为外部监督者之一，要求企业定期披露内部信息，以防止董监高人员因保险保障而产生投机心理或进行财务造假。这种定期的信息披露要求无形中增加了董监高人员的责任感，激励他们积极完善企业内部治理，提高信息传递效率，从而进一步提升企业的信息披露质量。

一方面，从管理层薪酬激励假说来看，董责险可以提高董监高的风险承受能力。委托双方代理问题的存在使得高管层部分薪酬以金融工具等形式支付，这种支付方式导致随着高管层以股权或期权等金融工具支付薪酬比例的增加，高管层的利益逐渐与股东利益捆绑在一起（郝照辉和胡国柳，2014），这会激励高管层积极投入到提高企业价值的经营之中（赵杨和 Hu，2014），激励其勤勉工作，提高企业信息披露质量，并进一步降低委托代理冲突（Priest，1987；Gillan and Panasian，2015），提高公司业绩。具体来说，代理问题的存在使得管理层的薪酬与公司业绩相挂钩，管理层为了获得更多的薪酬会注重企业的良好形象与自身的声誉，从而更多地考虑企业信息披露的质量以及企业绩效的提升（Hong et al.，2016）。弗拉默尔（Flammer，2016）亦指出，高管薪酬水平的提升将显著满足其物质需求，进而可能减弱对精神层面的追求。在企业的实际经营决策过程中，这种转变体现为高管们更倾向于提高信息披露的质量，以回应其物质需求得到满足后的决策倾向。

另一方面，从管理层自利假说来看，董责险会助推高管机会主义行为的发生，降低对外披露的信息质量。具体来说，董责险的"兜底"效应，让董监高获得了风险转移的保障，从而削弱了法律法规对他们的威慑作用，进一步放大了他们的道德风险。他们作为企业的经营决策者，拥有绝对的决策权和管理权，出于利益最大化原则，他们更偏好披露对自身有利的信息。例如，试图夸大企业收益、低估费用或迎合企业财务预期等（袁蓉丽等，2018），这些行为使得企业披露的信息严重失真，从而产生会计信息披露质量降低的可能性。冯来强等（2017）经过实证检验，揭示出购买董责险的上市企业存在信息质量偏低、资本市场信息不对称程度加剧以及投资者间分歧较大的现象。综上所述，上市企业引入董责险后，若能有效发挥外部监督效应和管理层激励效应，则有望促进董监高积极履行其职责，进而提升投保企业的信息披露质量。然而，若董责险的引入反而触发了管理层的自利效应，则可能诱发董监高的道德风险，导致企业信息披露质量的降低。

众所周知，上市公司在融资及商业投资活动中，负有不可推卸的信息披露职责。具体而言，公司需向所有投资者及其专业顾问提供合理所需的信息，这些信息有助于投资者对资产与债务、财务状况、利益与损失、发行者发展前景以及有价证券相关权利等关键要素进行全面而准确的评估。由此可知，企业披露的信息向债权人及众多投资者传递着公司的信用，这对企业进行债券融资的成本起着决定性作用。高质量的信息披露能够提高公司在投资者心中的信用，同时帮助债权人对公司企业绩效和发展前景进行较为合理地评估，从而降低企业债的信用利差。相反，虚假性等低质量的信息披露，会误导投资者进行不利于企业形象的负面评价，以及对公司信用产生怀疑，进一步增加公司债券的信用利差。具体影响途径可以从以下两个方面展开。

第一，基于委托代理理论与信息不对称理论的阐释，市场中的信息不透明与不对称性成为影响债券信用利差的关键因素。在获取公司内部信息的层面上，相较于企业内部控制人，债券投资者处于较为弱势的地位，他们主要依赖于公司披露的信息来评估公司的价值和投资潜力。若公司信息披露不全或失真，则可能增加财务重述的风险，进而提升企业违约的可能性。这一系列问题会加剧投保企业面临的诉讼风险与代理冲突，进而提升债权人对企业的预期风险，从而加重企业的融资负担。此外，市场信息不对称程度的加剧将导致信息劣势方与其他投资者在估值判断上产生分歧（D'Augusta et al.，2016），这进一步加剧了公司的债务融资成本，导致信用利差扩大。

第二，从"信号传递理论"的视角来看，信息披露质量在实践层面上对维护债权人利益起到了至关重要的作用。其全面且精准地展现了企业的经营现状、治理成效及盈利能力，成为外部投资者在评估债务公司时的重要参考依据。高质量的信息披露能够更全面地揭示企业的特色信息，进而扩充市场中关于企业特性信息的总量，有助于减少因信息不足而引发的市场系统性风险。此举有助于充分发挥信息效用，提升市场参与者的定价决策水平，降低由私有信息造成的套利空间，进而促进市场的高效运作。外部投资者在定价公司债券时，必然会考虑信息披露的质量，优质的披露质量将促使企业获得更高的估值（Zou，2010），进而降低其所需的信用利差。

在如今虚拟经济背景之下，公司运营的真实状况已经很难为外界尤其是债权人所知悉，急需信息公开为其保驾护航，高质量的信息披露仍被市场内各主体广泛关注，认定其为降低乃至消除资本市场内弊病和信息流动不充分的有效补救方法。基于此，我们认为，公司提供真实有效高质量的企业财务及债券相关信息，为债券投资者了解公司信用、维护自身利益起着不可或缺的重要作用。因此，提出本书的第二个研究假设 H2：

H2：董事高管责任险通过提高投保企业信息披露质量来影响其债券信用利差。

6.2　研究设计

6.2.1　信息披露质量的界定

如前所述，信息披露是指公众公司通过招股说明书、上市公告书、定期报告和临时报告等形式，向投资者和社会公众公开披露与公司相关的信息。这种披露行为是公司依法对外公布有关信息资料的规定，旨在保障投资者的利益和接受社会公众的监督。信息披露的完整性和充足度是保障资本市场有效性的必要和充分条件。这种信息的完整性和充足度不仅是对上市公司的客观要求，也是对市场监管的客观要求。通过信息披露，投资者和社会公众可以了解上市公司的经营状况、财务状况及其发展趋势，从而做出正确的投资选择，并对上市公司进行监督。上市公司将与证券有关的一切真实信息面向大众进行公开披露，让大众能接收到公司的具体信息，并使投资者做出投资价值判断。披露的信息应该真实、准确、完整、及时，不得有虚假记载、误导性陈述或者重大遗漏。高质量的信息披露能够提供公司状况的真实信息，降低公司内外部的信息不对称程度，从而有利于外部投资者了解和掌握公司发展状况并帮助其正确决策；低质量甚至虚假的信息披露，不仅会误导投资者的投资行为，甚至会引起股价的剧烈波动，导致广大投资者蒙受巨大损失，从而影响资本市场的健康发展。

从国内外已有的研究文献来看，对于信息披露质量的衡量，目前主要有以下三种衡量方法：一是直接使用某些权威机构发布的评价结果作为信息披露质量的替代指标；二是研究者自行构建信息披露指标体系进行衡量；三是选择某些能反映公司信息披露质量的特殊指标作为信息披露质量的替代指标，如盈余质量指标、信息披露次数等。

考虑到本书研究对象为我国上市公司，因此使用深交所的信息披露质量评价体系更为合理，同时由于深交所的信息披露质量评价体系较为完善，十几年的实施经验表明其准确性与信任度也很高，所以本书的信息披露质量高低将用深交所每年披露的信息披露质量评价等级来表示。

6.2.2　样本选取与数据来源

本章将继续使用第4章中的样本及数据进行中介效应检验，同时根据本章的研究实际，对总体样本数据进行了缩减处理，即仅以 2002 ~ 2022 年深市 A 股上市公司作为研究样本，并对样本数据进行了如下删除：（1）剔除了 ST、*ST、PT 等财务状况异常的上市公司；（2）剔除了金融类上市公司，以消除行业特性对研究结果的潜在影响；（3）删除了数据缺失的样本年度观测值，以确保数据的完整性和可靠性；（4）对于资产负债率大于 1 的年度样本也进行剔除，以避免极端值对研究结果的干扰；（5）为了控制异常值的影响，对连续型变量进行了 1% 和 99% 水平的缩尾处理。经过上述处理后，得到了共计 4534 个公司—年度样本观测值。

其中，本章使用的董责险的数据主要通过手工搜集得到，具体办法是在 CSMAR 和 Wind 数据库中搜索董事会公告、股东大会公告等报告，以"董责险""董监高责任险""董事高管责任保险"为关键词，手工爬取整理得到上市公司董责险投保规模和保费的相关数据；公司债券包括沪深 A 股上市公司发行的公司债、企业债、中期票据和短期融资券；信息披露质量数据选取深圳证券交易所网站—信息披露—监管信息公开中的上市公司"信息披露考评"结果；其余所有财务数据均来自 CSMAR 数据库，并结合 Wind 数据库进行比对、校准。

6.2.3 变量定义与模型构建

1. 变量定义

（1）被解释变量：债券信用利差（CS）。

与第 4 章研究保持一致，本节继续使用"每只债券的发行票面利率与相同剩余期限国债的到期收益率之差"衡量公司债券信用利差（CS）。

（2）解释变量：董责险（Insured）。

本节仅采用"企业是否购买董责险"的虚拟变量（Insured）来衡量董责险的购买情况。若上市公司在其定期公告或年度财务报表中明确提及购买董责险，则 Insured 取值为 1，否则为 0。

（3）中介变量：信息披露质量（*Disclose*）。

2001 年开始，深交所以上市公司在该年度每次信息披露行为为依据，从及时性、准确性、完整性和合法性四个方面进行打分，并据此形成最终的信息披露质量考评结果（考评结果分为优秀、良好、及格、不及格四个等级）。深交所对上市公司的信息披露考核是对上市公司各类信息披露所作的总体评价，它不仅考虑了上市公司的年报，还考虑了上市公司的临时公告、季报等，同时，又综合考虑了数量和质量两方面的因素；另外，证券交易所作为市场中的独立机构，它所发布的信息具有较高的权威性。因此，在有关我国信息披露质量的相关研究中，许多学者选择以深交所披露的信息披露考核体系作为公司信息披露质量的代表和衡量标准，因为他们认为信息披露考评体系是反映企业会计信息可靠性与相关性的重要指标（张宗新和王晓，2009；张程睿，2010；权小锋和吴世农，2010；徐良果和王勇军，2019）。借鉴上述研究，本书也使用深圳证券交易所对上市公司的信息披露工作的考评结果来衡量"信息披露质量（*Disclose*）"，并根据考评结果对信息披露质量进行赋值，结果为优秀时，*Disclose* 赋值为 4；良好时，*Disclose* 赋值为 3；及格时，*Disclose* 赋值为 2；不及格时，*Disclose* 赋值为 1。

（4）控制变量。

本章在模型中控制了一系列可能影响债券信用利差的公司层面与债券自身特征的相关变量。具体包括：（1）公司财务特征变量。主要包括资产负债率（*Lev*）、企业规模（*Size*）、资产收益率（*Roa*）、流动比率（*Current*）和资本回报率（*Retinv*）。（2）公司治理相关变量。主要包括董事会规模（*Dirsize*）、独立董事比例（*Indep*）、管理层性别比（*Malro*）、第一大股东持股比例（*Bsr*）、机构投资者持股比例（*Insprop*）和两权分离度（*Sep*）。（3）债券特征变量。主要包括债券到期期限（*Term*）和债券发行量（*Acisqy*）。同时，本章还加入了行业（*Ind*）和年度（*Year*）虚拟变量。

为避免与第 4 章变量定义汇报结果重复，表 6.1 仅汇报了本章新增主要变量的定义，具体情况如下所示。

表 6.1   主要变量定义

变量类型	变量名称	变量符号	变量定义
被解释变量	债券信用利差	CS	债券发行时票面利率 – 相同剩余期限国债的到期收益率
解释变量	董责险	$Insured$	公司当年购买董事高管责任保险,该值取 1,否则取 0
中介变量	信息披露质量	$Disclose$	深交所信息披露考评等级(优秀 = 4,良好 = 3,及格 = 2,不及格 = 1)

2. 模型设定

为了验证假设 H2,即其他条件不变的前提下,董事高管责任险是否通过提高投保企业信息披露质量来影响其债券信用利差,参考温忠麟等(2004)的中介效应三步检验法,本章构建模型(6-1)和(6-2),模型具体内容如下所示:

$$Disclose_{i,t} = \beta_0 + \beta_1 Insured_{i,t} + \beta_2 \sum Controls_{i,t} + \beta_3 \sum Ind + \beta_4 \sum Year + \varepsilon_{i,t}$$

$$(6-1)$$

$$CS_{i,t} = \gamma_0 + \gamma_1 Insured_{i,t} + \gamma_2 Disclose_{i,t} + \gamma_3 \sum Controls_{i,t}$$

$$+ \gamma_4 \sum Ind + \gamma_5 \sum Year + \varepsilon_{i,t} \qquad (6-2)$$

其中,下标 i 表示企业,t 表示年份。$Disclose_{i,t}$ 为信息披露质量,$Insured_{i,t}$ 为董责险购买与否的哑变量,$Controls_{i,t}$ 为公司财务、治理及债券特征层面的控制变量,Ind 为行业固定效应,用以控制行业层面不随时间变化的因素,$Year$ 为年度固定效应,用以控制时间层面不随个体变化的影响因素,$\varepsilon_{i,t}$ 为残差项。聚类标准误在公司层面。

模型(6-1)中,如果 β_1 不显著,说明董责险的购买与企业信息披露质量无显著性因果关系,检验失败。如果 β_1 显著为正,则说明董责险的购买通过发挥激励监督效应,能够提高企业的信息披露质量;同时,如果模型(6-2)中系数 γ_1 和 γ_2 均显著为负,则说明信息披露质量($Disclose$)发挥部分中介效应,如果仅 γ_2 显著为负,γ_1 不显著,则说明信息披露质量($Disclose$)发挥完全中介效应。

6.3 实证结果

本部分使用模型（6-1）和（6-2），对重新处理后的样本进行回归分析，结果如表6.2所示。其中，列（1）为第4章基准回归结果，列（2）和列（3）为中介效应检验结果。列（2）中，董责险与信息披露质量的回归系数为0.1274，且在1%水平上显著为正，表明上市企业在购入董责险后会提高内部信息披露质量。这可能是因为保险公司作为投保企业外部监督者之一，为了获取更多信息，通常要求企业定期披露其内部信息，董责险发挥了外部监督效应，激励管理层积极完善企业内部的治理，提高信息传递效率，从而提升企业的信息披露质量。列（3）中，董责险与公司债信用利差之间的系数为负，而且不再显著；而信息披露质量与信用利差的回归系数为 -0.4028，在1%的水平上显著为负，信息披露质量发挥了完全中介效应，即董责险通过提高企业信息披露质量，显著降低公司债信用利差。从"信号传递理论"的观点解释，信息披露质量综合反映企业的经营现状、治理水平及盈利能力，是外部投资者获取关于企业个体异质性信息的重要依据。高质量的信息披露能够更全面、更准确地向市场传递企业的差异性信息，从而减少因信息匮乏而引起的市场系统性风险，这有利于提高信息效率，帮助市场参与者做出更好的定价决策，从而要求更低的信用利差水平。

表6.2　　　　　　　　　信息披露质量的中介效应检验结果

变量	（1） *CS*	（2） *Disclose*	（3） *CS*
Insured	- 0.1406 *** （0.0374）	0.1274 *** （0.0245）	- 0.0706 （0.0451）

续表

变量	（1） CS	（2） Disclose	（3） CS
Disclose			− 0. 4028 *** （0. 0275）
Lev	1. 5285 *** （0. 1316）	− 0. 6398 *** （0. 0896）	1. 4049 *** （0. 1653）
Size	− 0. 3203 *** （0. 0156）	0. 1580 *** （0. 0111）	− 0. 2639 *** （0. 0207）
Roa	− 5. 1630 *** （1. 1304）	1. 9916 *** （0. 6994）	− 4. 2705 *** （1. 2838）
Current	0. 0906 *** （0. 0245）	− 0. 0143 （0. 0157）	0. 0973 *** （0. 0289）
Retinv	2. 3944 *** （0. 7969）	− 0. 0576 （0. 4901）	2. 1736 ** （0. 8988）
Dirsize	− 0. 1043 （0. 0679）	− 0. 0627 （0. 0488）	− 0. 0227 （0. 0895）
Indep	− 0. 0079 *** （0. 0020）	0. 0025 * （0. 0014）	− 0. 0073 *** （0. 0026）
Malro	− 0. 0030 ** （0. 0013）	− 0. 0023 ** （0. 0009）	− 0. 0004 （0. 0017）
Bsr	− 0. 0036 *** （0. 0010）	− 0. 0003 （0. 0007）	− 0. 0033 ** （0. 0013）
Insprop	− 0. 0095 *** （0. 0008）	0. 0054 *** （0. 0006）	− 0. 0082 *** （0. 0011）
Sep	0. 0137 *** （0. 0016）	− 0. 0035 *** （0. 0011）	0. 0203 *** （0. 0020）
Term	0. 0928 *** （0. 0062）	0. 0011 （0. 0045）	0. 1108 *** （0. 0083）

续表

变量	(1) CS	(2) Disclose	(3) CS
Acisqy	−3.1619*** (0.5146)	0.3369 (0.3435)	−3.9919*** (0.6301)
Cons	10.9060*** (0.4676)	−0.5416 (0.4597)	9.5614*** (0.8431)
Ind	Yes	Yes	Yes
Year	Yes	Yes	Yes
Adj. R^2	0.6476	0.3579	0.6800
N	6914	4534	4534

注：＊表示 $p<0.1$，＊＊表示 $p<0.05$，＊＊＊表示 $p<0.01$；括号内为公司聚类层面下的标准误。

6.4　本章小结

本章使用深圳证券交易所对上市公司的信息披露工作的考评结果衡量信息披露质量，进一步探讨了董责险治理对降低公司债信用利差的作用机制，发现：董责险的购买能够发挥激励监督效应，提高企业的信息披露质量；同时，信息披露质量作为外部投资者获取关于企业信息的重要依据，高质量的信息披露有利于提高信息效率，帮助市场参与者做出更好的定价决策，从而要求更低的信用利差水平；进一步，信息披露质量不仅能够显著降低公司债信用利差，且董责险的作用不再显著，即信息披露质量具有完全中介效应。

第7章，将进一步研究公司债信用利差的相关经济后果，即公司债信用利差将如何影响企业财务风险、企业创新与企业价值。

第7章　公司债信用利差对企业
经营后果的影响

从本书的基准回归中可以发现，投保企业引入董责险后会降低企业债的信用利差。那么信用利差降低后又会对企业产生何种影响？为解决上述问题，本章将从企业财务风险、企业创新与企业价值三个方面来阐述信用利差降低后造成的经济后果影响。

7.1　理论分析与研究假设

首先，公司债信用利差能够对企业财务风险产生影响。信用利差是指债券投资者要求获得的因承担信用风险而提供的风险补偿，其反映了企业的偿债能力和可能存在的违约风险。信用利差的大小直接影响着企业的融资成本，从而对企业的财务风险产生影响。当信用利差扩大时，企业需要支付更高的利息以吸引投资者，这会增加企业的财务负担，并提高其财务风险水平。反之，如果公司债信用利差缩小，企业的融资成本降低，财务风险相应减小。因此，企业应当注重信用管理，通过提高信用评级、优化债务结构等方式来缩小信用利差，从而降低财务风险。

其次，公司债信用利差能够影响企业创新活动。创新是企业发展的重要驱动力，而信用利差则在一定程度上影响着企业的创新活动。一方面，信用利差的扩大可能会增加企业的资金压力，使得企业在创新投入上变得更为谨慎，甚至可能因资金不足而放弃一些有潜力的创新项目。另一方面，信用利差的大小也会影响企业的融资方式选择。在信用利差较大的情况下，企业可能更倾向于选择短期债务融资，这不利于企业进行长期创新投资。因此，为了促进企业的创新活动，应当努力缩小信用利差，为企业创造更加宽松的融资环境。

最后，公司债信用利差对企业价值也存在着直接和间接的影响。在直接影响方面，企业价值是反映企业整体经济状况的重要指标，一般使用贴现现金流法进行估值①。信用利差水平作为债务融资成本的一部分，直接影响企业价值的评估。在其他条件不变的情况下，信用利差水平越小，债务融资成本越低，企业价值也越大；反之，越小。在间接影响方面，信用利差的大小反映了企业的偿债能力和违约风险，这会影响投资者对企业的信心和投资意愿。当信用利差较大时，投资者可能会对企业的未来发展持悲观态度，从而降低对企业的估值。反之，如果信用利差较小，投资者对企业的信心增强，企业的估值也会相应提升。因此，企业在注重信用管理，提高信用评级，尽力缩小信用利差时，企业价值会相应上升。

综上所述，本章提出以下三个假设：

H3：公司债信用利差的下降能够有效降低企业财务风险。

H4：公司债信用利差的下降能够有效推动企业增加创新投入。

H5：企业价值会随着公司债信用利差的下降而上升。

7.2 模型设定与实证结果

为了检验上述假设是否成立，本章设定了行业—年份固定效应回归模型（7-1）、（7-2）和（7-3），以进一步检验董责险降低公司债信用利差后可能引发的经营后果。同时，为了保持实验的完备性及可信度，模型（7-1）、（7-2）和（7-3）在模型（4-1）的基础上增加了现金资产比率（*Cash*）、两职合一（*Duality*）、海外董事占比（*Obratio*）三个新的控制变量，具体模型如下所示：

$$LEV_{i,t} = b_0 + b_1 CS_{i,t} + b_2 Insured_{i,t} + b_3 \sum Controls_{i,t}$$

$$+ b_4 \sum Ind + b_5 \sum Year + \varepsilon_{i,t} \quad (7-1)$$

---

① 根据贴现现金流法（DCF），企业的价值 = 股权现值 + 债权现值 = *EBIT/WACC*。其中 *EBIT* 为企业息税前利润，*WACC* 为加权平均资本成本，包括债务资本成本和股权资本成本。

$$RD_{i,t} = c_0 + c_1 CS_{i,t} + c_2 Insured_{i,t} + c_3 \sum Controls_{i,t}$$
$$+ c_4 \sum Ind + c_5 \sum Year + \varepsilon_{i,t} \qquad (7-2)$$

$$BM_{i,t} = d_0 + d_1 CS_{i,t} + d_2 Insured_{i,t} + d_3 \sum Controls_{i,t}$$
$$+ d_4 \sum Ind + d_5 \sum Year + \varepsilon_{i,t} \qquad (7-3)$$

其中，下标 i 表示企业，t 表示年份。与第 4 章变量定义保持一致，$LEV_{i,t}$ 为企业杠杆比率，用以衡量企业财务风险；$RD_{i,t}$ 为企业研发支出水平，用以衡量企业创新投入；$BM_{i,t}$ 为市值账面比，用以衡量企业价值；$CS_{i,t}$ 为公司债信用利差；$Insured_{i,t}$ 为董责险购买与否的哑变量；$Controls_{i,t}$ 为公司财务、治理及债券特征层面的控制变量；Ind 为行业固定效应，用以控制行业层面不随时间变化的因素；$Year$ 为年度固定效应，用以控制时间层面不随个体变化的影响因素；$\varepsilon_{i,t}$ 为残差项。聚类标准误在公司层面。且比照模型（4-1），这里新增了现金资产比率（$Cash_{i,t}$）、两职合一（$Duality_{i,t}$）和海外董事占比（$Obratio_{i,t}$）三个控制变量。

表 7.1 中的列（1）~列（3）为公司债信用利差对企业经营后果的影响，其中列（1）为模型（7-1）企业杠杆比率（LEV）与信用利差（CS）之间的回归结果；列（2）为模型（7-2）企业创新投入（RD）与信用利差（CS）之间的回归结果；列（3）为模型（7-3）企业价值（BM）与信用利差（CS）之间的回归结果。

表 7.1   公司债信用利差对公司经营后果的影响研究

变量	（1） LEV	（2） RD	（3） BM
CS	0.0128 *** (0.0011)	− 0.0010 *** (0.0002)	− 0.0115 *** (0.0013)
Size	0.0264 *** (0.0013)	− 0.0004 *** (0.0002)	0.0030 * (0.0016)

续表

变量	（1） LEV	（2） RD	（3） BM
Current	− 0. 0410 *** （0. 0021）	0. 0010 *** （0. 0003）	0. 0181 *** （0. 0026）
Roa	− 3. 6516 *** （0. 0953）	0. 0167 （0. 0135）	2. 3411 *** （0. 1165）
Revtin	1. 9404 *** （0. 0695）	0. 0148 （0. 0102）	− 1. 5581 *** （0. 0849）
Dirsize	0. 0332 *** （0. 0063）	− 0. 0048 *** （0. 0008）	− 0. 0124 （0. 0077）
Indep	0. 0002 （0. 0002）	− 0. 0001 *** （0. 0000）	0. 0001 （0. 0002）
Malro	0. 0005 *** （0. 0001）	− 0. 0000 （0. 0000）	− 0. 0007 *** （0. 0002）
Bsr	− 0. 0004 *** （0. 0001）	0. 0000 *** （0. 0000）	0. 0007 *** （0. 0001）
Insprop	0. 0001 （0. 0001）	− 0. 0001 *** （0. 0000）	− 0. 0008 *** （0. 0001）
Sep	0. 0003 ** （0. 0001）	0. 0002 *** （0. 0000）	0. 0002 （0. 0002）
Cash	− 0. 1079 *** （0. 0207）	0. 0201 *** （0. 0030）	0. 0171 （0. 0253）
Duality	0. 0051 （0. 0032）	0. 0003 （0. 0004）	− 0. 0227 *** （0. 0039）
Obratio	0. 0278 *** （0. 0093）	0. 0085 *** （0. 0013）	− 0. 0368 *** （0. 0113）
Cons	− 0. 1378 *** （0. 0412）	0. 0352 *** （0. 0067）	0. 3525 *** （0. 0504）

续表

变量	(1) LEV	(2) RD	(3) BM
Ind	Yes	Yes	Yes
Year	Yes	Yes	Yes
Adj. R^2	0.6627	0.6007	0.4216
N	6705	5085	6634

注：* 表示 $p<0.1$，** 表示 $p<0.05$，*** 表示 $p<0.01$；括号内为公司聚类层面下的标准误。

7.3 公司债信用利差对公司经营成果的影响分析

7.3.1 公司债信用利差对企业财务风险的影响分析

表 7.1 的列（1）汇报了企业杠杆比率（LEV）与信用利差（CS）之间的回归结果。其中，企业杠杆比率（LEV）的衡量方式参考曾国安等（2023）的做法，即企业杠杆比率 = 企业负债总额/资产总额。列（1）结果显示，企业杠杆比率（LEV）与信用利差（CS）之间的回归系数为 0.0128，且二者在 1% 的水平上显著正相关。该结果表明企业财务杠杆比率会随着信用利差的下降而下降，意味着公司债信用利差的下降能够有效降低企业财务风险，假设 H3 得证。限于篇幅，其他控制变量的结果不再一一汇报。该结果产生的原因可能是，随着公司债信用利差的增加，企业为了维持或扩大其债务融资，需要支付更高昂的利息费用，而为了覆盖这些额外的利息费用，企业可能需要增加债务规模，导致企业的杠杆比例提高，进一步加剧了企业的财务负担和财务风险。此外，信用利差增加可能限制了企业获取新债务的能力，因为投资者可能变得更加谨慎，不愿意以较高的风险承担提供资金。这可能导致企

业转向更昂贵的债务工具，这也会提高企业的杠杆比例，增加企业的财务风险，降低其财务稳定性和未来的增长潜力。反之，公司债信用利差越低，企业的利息负担和高昂债务的负担减少，企业财务杠杆率相应下降，企业财务风险降低。

7.3.2　公司债信用利差对企业创新的影响分析

一般地，企业倾向于将融资筹得的资金用于有利于企业长期发展的固定资产和研发创新等实体投资上，以提升其核心竞争力，增加企业的长期内在价值（万良勇等，2020）。参考胡国柳等（2019）和曾国安等（2023）的做法，以上市企业的研发支出与期末总资产的比值度量"企业创新投入（RD）"。表 7.1 的列（2）汇报了公司债信用利差（CS）对企业创新投入（RD）的影响。其中，解释变量信用利差（CS）与企业创新投入（RD）的回归系数为 -0.0010，且在 1% 的水平上显著。该结果表明企业创新会随着公司债信用利差的下降而上升，公司融资成本的下降有利于推动公司创新投入，假设 H4 得证。可能的原因在于，公司债信用利差减小意味着企业融资成本降低，而较低的融资成本使得企业有更多的资金可以用于研发和创新活动，同时较低的融资成本也使得企业能够承担更多的创新风险。同时，低融资成本往往对应高融资规模，这就意味着企业可以在多个创新项目中进行投资，而不必过于担心因为高昂的利息支出而影响到企业的正常运营，这种风险承受能力的提高有助于企业开展更具探索性和风险性的创新活动。综上所述，公司债信用利差的降低可以推动企业加大创新投入，增强企业市场竞争力，实现持续的创新和发展。

7.3.3　公司债信用利差对企业价值的影响分析

表 7.1 的列（3）中，被解释变量为账面市值比（BM），用以衡量公司

价值的高低。账面市值比（BM）的计算方式是"账面市值比 = 股东权益/公司市值"，一般说来，账面市值较高企业的股票被认为具有巨大的投资价值。列（3）显示，信用利差（CS）与账面市值比（BM）之间的回归系数为 - 0.0115，且在 1% 的水平上显著负相关，说明公司债信用利差越小，企业价值越高。其原因可能是：第一，较低的风险溢价表明投资者对企业经营和企业价值认可程度增强。较低的融资成本反映了投资者对企业的信任，当投资者认为企业的信用风险降低时，意味着他们认为企业能够更好地履行其财务承诺，且能相对轻松地扩张或进行其他投资活动，提高企业自身的盈利能力和增长潜力，使投资者更愿意购买该企业的股票或债券，进而推动企业价值的上升。第二，较低的公司债信用利差表明公司信用状况得以改善。信用利差的下降通常反映了市场对企业的信用风险评估变得更加乐观，这会提高企业的信誉和声誉。这种信誉的提升可能会吸引更多的认可公司的投资者和合作伙伴，进一步推动企业价值的增加。

7.4　本章小结

本章基于企业引入董责险后能够降低企业债的信用利差，那么信用利差降低后又会对企业经营产生何种影响的逻辑链条，从企业财务风险、企业创新与企业价值三个方面研究了公司债信用利差降低后对企业经营后果的影响。研究发现，公司债信用利差的显著下降，能够有效降低公司财务风险，提高公司增加创新投入的积极性，并进一步提升公司价值。

综上所述，信用利差对企业财务风险、企业创新和企业价值都有着重要的影响。为了降低财务风险、促进创新活动以及提升企业价值，企业应当重视信用管理，提高信用评级，优化债务结构，缩小信用利差。同时，政府和社会各界也应当为企业创造更加良好的融资环境，支持企业的创新和发展。只有这样，企业才能在激烈的市场竞争中立于不败之地，实现可持续发展。

第8章　研究结论与政策建议

8.1 研 究 结 论

本书研究了董责险治理这一新的公司治理机制对公司债信用利差的影响。具体来说，本书以 2002~2022 年沪深 A 股上市公司为研究样本，首先，从董责险治理这一新的公司治理机制视角考察了董责险对公司债信用利差的影响，该基准回归结论通过了安慰剂检验、工具变量法和倾向得分匹配法（PSM）等多项稳健性测试；其次，本书将研究样本按企业产权性质（国企和非国企）、审计师质量（国际四大和非国际四大）、对债权人保护程度以及社会责任制度改善披露与否进行了细分，进一步检验了不同样本组中董责险与公司债信用利差关系的差异性；再次，本书揭示了信息披露质量在董责险与公司债信用利差之间发挥的中介作用；最后，本书分析了公司债信用利差对上市公司财务风险、公司创新和公司价值的影响。本书研究的主要结论如下。

（1）上市企业购买董责险后，能够降低公司债信用利差。具体而言，购买董责险引入了第三方保险机构对企业高管层进行监督，督促其积极履职，并在投保前、中、后期把控企业风险，增强企业的内部治理，有效降低企业违约风险概率，进一步保护了债权人的利益。董责险的这种"监督激励"效应能够被投资者有效识别，降低了投资者面临的信息不对称性和风险不确定性，使投资者要求或接受一个较低的风险补偿，表现为公司债信用利差更低。

（2）董责险对中长期债券的信用利差具有显著的降低作用。研究发现，董责险对公司债信用利差的降低作用在中长期债券上表现得更为明显，而对短期公司债信用利差的影响不具有显著性。其原因可能是，公司短期债券由于发行期限较短，其信用利差更多地受到市场利率、信用风险、信用评级、市场流动性等因素的显著影响，相比这些强市场因素，市场投资者对董责险的外部治理效果还来不及给出充足的反应和认可；而长期信用利差除了受市场利率、市场流动性等因素的影响外，还反映了投资者对长期信用风险的预期，董责险主要涵盖董事和高管人员的过失或不当行为导致的损失，由于这些行为的暴露时间可能较长，因此董责险与中长期信用利差、长期信用利差之间的关系更为显著。

（3）相较国有和接受国际四大会计师事务所审计的企业，董责险的购买在非国有和未接受四大审计的企业中，公司债信用利差的降低效果更为突出。可能的原因在于，在我国，非国有企业和非国际四大会计师事务所审计的企业中普遍存在监管不足、监管不到位等现象，导致管理层机会主义行为频发，企业的违约风险概率增加，投资者的利益无法得到有效保护，而引入董责险这一外部治理机制，能够有效发挥其"激励监督"作用，因而在非国有企业和非国际四大会计师事务所审计的企业中，董责险的治理作用更为显著。与此类似，董责险的强治理作用在未进行债权人保护措施与社会责任制度改善措施披露的企业中也更为显著。总的来说，在非国企、接受非国际四大会计师事务所审计、未实施债权人保护措施和未进行社会责任制度改善措施披露的企业中，董责险作用更为显著，在我国董责险起到的是"雪中送炭"，而非"锦上添花"的作用。

（4）董责险通过提高企业信息披露质量降低了公司债信用利差。具体而言，董责险引入了第三方保险机构，保险公司通过对企业高管层进行监督，督促其积极履职，并在投保前、中、后期把控企业风险，增强企业的内部治理，加强信息披露质量，发挥了"激励监督"效应，有效降低企业违约风险概率，进一步保护了债权人权益，投资者要求更低的风险溢价，从而公司债信用利差也更低。

（5）公司债信用利差的减小能够显著降低企业财务风险，促进企业进行创新，同时相应地提高企业价值。首先，信用利差下降后，企业的融资成本降低，从而减少了企业因债务成本过高而可能引发的财务风险。其次，信用利差的下降会缓解企业的资金压力，使企业有更多的资金可以用于研发和创新活动，推动企业加大研发投入和创新活动。最后，信用利差反映了债券投资者因承担信用风险而要求获得的风险补偿，它是企业的偿债能力和违约风险的体现。信用利差减小使企业的偿债能力和违约风险减小,这会提高投资者对企业的信心和投资意愿,进而提高企业的声誉,吸引更多的投资者和合作伙伴,进一步推动企业价值的增加。

8.2 政 策 建 议

本书从董责险治理这一新的公司治理机制视角考察了其对公司债信用利差的影响,并从信息披露质量这一视角揭示了董责险治理影响公司债信用利差的作用机制,最后基于成本节约视角探索了公司债信用利差降低对公司经营结果的影响。为了更好地推进董责险在我国落地和发展,发挥其积极治理效应,并进一步完善我国公司治理体系、构建良好市场生态,缓解企业融资约束和降低企业融资成本,基于本书的研究结论和已有研究发现,提出如下政策建议。

8.2.1 正确认识董责险治理的功能

目前,已有关于董责险的治理效果存在"激励监督假说"和"机会主义假说"两种截然不同的观点,且这两种观点均得到了大量的文献和研究支持。本书通过我国沪深 A 股市场上市公司数据,发现董责险治理能够缓解公司与投资者之间的信息不对称,降低投资者要求的风险溢价水平,从而显著降低公司债信用利差,证实了董责险的"激励监督"效应。因此,应正确认识董责险治理的功能,不能单纯、片面地看待董责险的作用和效果。

一方面,不应过度夸大董责险治理的功能,简单地认为引入董责险治理就可以弥补公司已有激励和监督机制的不足。董责险治理不是管理层自利的万能工具和保护伞,并不能帮助管理层转嫁所有的民事赔偿责任。事实上,董责险治理的保险范围是管理层在履职期间因工作失误或行为不当而被要求承担的民事赔偿责任，而恶意、违背忠诚义务、信息披露中故意的虚假或误导性陈述、违反法律等行为不属于董责险治理的理赔范围。特别地，随着我国的法律体系不断完善，诉讼索赔机制也日趋健全，这将大大降低董责险治理对管理层的过度激励和保护，提高管理层机会主义行为面临的诉讼风险和民事赔偿支出。公司在决定是否引入董责险治理时，应当综合考虑企业所面临的风险状况、公司治理水平、管理层的风险偏好、公司所处地区法治环境等诸多因素，不应盲目引入董责险治理。事实上，董责险治理激励和监督作用的发挥并不是孤立的，而是会受到公司已有治理机制的影响，并且是以公司所处地区具有良好的法治环境作为前提。

另一方面，不应完全否定董责险治理的功能。与上述过分夸大董责险治理功能的观点不同，还有研究认为，既然董责险治理会成为管理层谋取私利的工具和保护伞，那么企业完全没有必要引入董责险治理。从理论层面来看，大量研究发现企业引入董责险治理可以发挥有效的激励和监督作用，并产生积极的应用效果。从实践层面来看，董责险治理在美国、加拿大、英国等西方发达国家上市公司中的投保比例都很高，在美国高科技、金融等行业上市公司中的投保率甚至达到 100%，在我国台湾、香港地区公司中的投保率也均超过 60%。此外，我国先后发布了《关于在上市公司建立独立董事制度的指导意见》《国务院关于保险业改革发展的若干意见》《关于加快发展现代保险服务业的若干意见》等法律法规以鼓励和促进董责险治理在我国的发展。随着我国法律体系和诉讼索赔机制的不断完善，董责险治理将更好地发挥激励和监督作用。因此，过度夸大或完全否定董责险治理的功能都是不可取的，我们应当合理认识董责险治理的功能。

8.2.2　完善公司内部治理机制，充分发挥董责险治理的积极作用

"激励监督"与"机会主义"假说二者虽矛盾，但又不乏统一之处。结

合已有研究结论以及本书的经验证据，从管理层行为活动视角来看，企业引入董责险治理会导致积极还是消极的应用效果主要取决于董责险治理是否会诱发管理层机会主义行为。因此，如何强化对管理层的监督约束，多措并举地有效防范管理层机会主义行为，是有效发挥董责险积极的治理效应的关键之所在。而有效防范董责险治理所诱发的管理层机会主义行为，需要完善的公司内部治理机制，并采取有针对性的防范措施方可取得理想的效果。具体而言，可以从股东、管理层以及公司内部治理等多个层面采取如下具体的应对措施，以有效防范董责险的消极效应，充分发挥董责险积极的治理效果。

（1）股东层面。加强股东的监督与决策参与权，如积极行使股东权利，在股东大会上对董责险的条款、保额等关键事项进行严格审议，确保董责险符合公司长远利益；推动将董责险的购买与董事、高管的绩效挂钩，对于业绩不佳或存在违规行为的董事、高管，限制其享受董责险的保障范围或提高其自担比例。

（2）管理者层面。管理层应加强自身的法律意识和职业操守，充分认识到董责险并非"免责金牌"，即使有保险保障，仍需对自身决策和行为负责，提升其风险意识与责任担当；在决策过程中，不能因有董责险而放松对风险的评估和控制，而是将其作为一种风险补充手段，在面临重大决策时，要综合考虑风险与收益，确保决策的科学性和合理性；同时，管理层应积极配合公司内部的监督和审计工作，定期对董责险的使用情况和效果进行评估，及时发现问题并加以改进。

（3）公司内部治理层面。首先，需完善董责险制度设计，结合公司自身特点和行业风险状况，制定科学合理的董责险条款，明确保险责任范围、除外责任、赔偿限额等关键内容，防止出现保险漏洞或过度保障的情况。其次，加强内部监督机制，强化监事会、独立董事等内部监督机构的作用，使其能够独立、有效地对董事和高管的行为进行监督，对董责险的购买和使用进行审查。再次，如本书在异质性方面的研究方面曾提到的，对于非国有企业，可以聘请国际四大会计师事务所的审计师对其财务报表和内部治理水平进行审计，提高对外信息披露质量，建立健全公司治理机制。最后，企业也应积极披露对债权人的保护措施及社会制度改善措施，提高公司治理水平，进而保护投资者的利益，提高企业的声誉，增加企业的行业竞争力。

（4）建立风险预警与应对机制。利用大数据、人工智能等技术手段，建立风险预警模型，对公司面临的各类风险进行实时监测和预警。同时，制定完善的风险应对预案，在风险发生时能够及时采取措施，降低损失，减少董责险的理赔需求。

8.2.3 推进董责险在我国落地和发展，强化企业对董责险的购买意愿

距 2002 年我国首次引入董责险至今已有 20 余年[①]，然而，作为一项兼具激励和监督功能的新兴公司治理机制，董责险在我国真正进入快速发展阶段是在 2020 年瑞幸咖啡承认虚假交易和 2021 年康美药业造假案的天价赔偿判决事件之后。在高额赔偿的威慑下，上市公司和管理层对董责险的关注逐渐升温。自 2024 年 7 月 1 日起，新修订的《中华人民共和国公司法》首次通过立法形式确立了董责险制度。在新《公司法》和相关司法实践的共同推动下，董责险逐渐被越来越多的人关注。尽管董责险在海外市场已相当成熟，但目前我国 A 股市场公司的投保意识仍相对薄弱，平均投保率仅 10%。这不仅说明国内上市公司对董责险的认识和接受程度有待提高，也反映了我国实业界和理论界对于董责险这一"舶来品"能否发挥积极的治理作用，以及如何有效发挥其作用等问题尚处于迷茫和探索阶段。

应积极推进董责险在我国落地和发展，强化企业对董责险的购买意愿，特别是应进一步强化或提高非国有企业、非国际四大会计师事务所审计、未

---

① 自 2002 年 1 月 7 日中国证监会和国家经贸委发布《上市公司治理准则》、2002 年 1 月 15 日最高人民法院发出《关于受理证券市场因虚假陈述引发的民事侵权纠纷案件有关问题的通知》之后，国内几大保险公司相继推出了董责险。

披露债权人保护制度等类型企业购买董责险的意愿。一方面，非国有企业和不是由国际四大审计的企业往往面临着多种风险，包括经营风险、法律风险、财务风险等，这些企业购买董责险可以将这些风险转移给保险公司，从而减轻企业的风险负担，使其能够更加专注于业务发展。另一方面，董责险通常要求企业建立健全的公司治理结构和内部控制机制，规范经营行为，减少违规行为的发生，进而提升企业的整体竞争力。因为企业购买董责险可以向外界传递出企业重视风险管理、积极履行社会责任的信号，增强投资者的信心。这有助于企业吸引更多的投资，促进企业发展。

首先，应加强与国际金融监管机构的合作，学习借鉴国际先进经验，优化我国的董责险产品设计。其次，保险公司应根据市场需求和企业实际情况，设计更加合理和有效的董责险产品，为企业提供全面的风险保障。再次，保险公司应扩大保险覆盖范围，将更多类型的企业和高级管理人员纳入董责险的保障范围，提高保险的普及率，加快健全董责险制度。最后，证监会和国家金融监督管理总局需联合制定董责险实施管理办法，加强保险监管，建立健全的董责险监管体系，规范保险市场行为，防止保险欺诈和滥用保险资源的行为，从而达到优化董责险的治理效应与风险监管，提高企业对董责险的购买意愿。企业在引入董责险治理时，还应当合理设定保险金额、赔偿限额等合同条款，避免因对管理层形成过度激励或监督不足，从而产生消极经济后果。

8.2.4 加强保险公司的外部监督作用

在我国，董责险起步晚且覆盖率低，同时，我国保险公司存在生搬硬套国外董责险的合同条款的现象。例如，保险合同条款的表述模糊、晦涩难懂，甚至存在合同条款与我国现行法律法规相悖等诸多问题，这些问题在很大程度上制约了董责险治理激励和监督功能的有效发挥，甚至导致董责险治理沦为了投保公司管理层的"自利工具"。基于此，保险公司应当结合我国的法律法规来合理设定保险合同条款，而不能简单地生搬硬套外国保险合同条款，制定完善且统一的保险合同标准，明确保险业务的责任范围，并尽量采用专业且通俗的表述方式以提高保险合同条款的可理解性。随着上市公司法律和监管环境的变化，在保险机构的强监管条件下，董责险将会起到良好的"激励监督"效应。因此，要强化保险公司的外部监管角色，使董责险持续发挥积极的治理效应。应积极发挥保险公司的外部监督作用，其作用具体可以从承保前、中、后三个方面加以发挥。

（1）承保前，保险公司应当理性选择目标客户并优化保险合同条款。一方面，在决定承保前，保险公司在选择目标客户时，不应为了扩大保费收入而盲目承接董责险治理业务，而应当对目标客户进行详细的事前调查和评估，并依据调查和评估结果严格筛选客户。对于管理层风险偏好越强、公司治理水平较差、曾经出现或容易诱发重大管理层机会主义行为的公司，保险公司应当谨慎开展保险业务。另一方面，保险公司应当优化保险合同条款，以实现对投保公司及其管理层的有效监督。

（2）承保中，保险公司应对企业及管理者进行持续监督，以抑制管理者的机会主义行为。在承保期间，保险公司应积极参与投保企业的日常经营活动，提供风险管理建议，协助企业完善内部风险管理制度，从而提高风险管理水平，有效降低企业的违约风险概率。

（3）承保后，通过定期审查企业的财务报告、重大决策、法律诉讼等方式，以及关注行业动态和监管政策的变化，保险公司可以了解和掌握企业最新的经营信息，从而评估风险，降低企业风险发生的概率和损失程度。

8.2.5 提高企业信息披露质量，推行董责险强制披露制度

董责险的保费金额、赔偿限额等信息可被视为一种向市场传递公司诉讼风险和治理信息的信号机制，也可以在一定程度上反映公司对于其内部风险状况的自我评价水平。然而，目前我国证监会以及交易所等监管部门并未强

制要求上市公司披露董责险引入与否、具体保费金额、赔偿限额等相关信息。这导致中小股东、债权人、监管部门等利益相关者较难获得企业是否引入董责险治理的相关信息，而想获取关于企业投保董责险治理的保险金额、赔偿限额、保险年限、保险范围、免责条款等信息更是难上加难。这在一定程度上会导致投资者等利益相关者与上市公司管理层之间存在严重信息不对称，降低包含监管部门在内的利益相关者对董责险治理可能诱发的管理层机会主义行为及其消极后果进行识别和防范的效果。因此，需有效提高企业信息披露质量，特别是有关董责险的相关信息。具体说来，可以从以下几方面入手。

（1）上市公司应严格遵守信息披露的法律法规。上市公司必须严格遵守《中华人民共和国证券法》（2019 年）等相关法律法规，确保信息披露的真实性、准确性、完整性和及时性。例如，根据《证券法》（2019 年）第八十三条，信息披露义务人披露的信息应当同时向所有投资者披露，不得提前向任何单位和个人泄露，以确保信息的公平披露。

（2）完善公司内部信息披露制度。完善的信息披露制度使上市公司提高对外披露的信息质量有一个保障，能够有效地减少信息使用者与信息发布者的信息不对称，使得利益相关者可以更清楚地了解到公司的真实状况，从而做出更正确的决定，使资本流向健康的企业，资本市场得以健康地运转。首先，上市公司应建立完善的内部信息披露制度，明确信息披露的流程、责任人和审核机制，确保信息的准确性和完整性。其次，应定期披露企业投资活动的详细信息，包括投资目的、风险评估、资金来源和使用情况等，以增加透明度并减少信息不对称。最后，应加强对信息披露相关人员的培训，提高其专业素质和法律意识。

（3）加强自愿性信息披露。我国证券交易所等监管部门可以借鉴美国、加拿大、韩国等国家的做法，强制要求上市公司披露引入董责险治理的相关信息，以缓解信息不对称，更好地发挥董责险治理的激励和监督功能，提升董责险治理在企业中的应用效果。除了依法需要披露的信息之外，上市公司可以自愿披露与投资者做出价值判断和投资决策有关的信息。这有助于增强投资者对公司的了解和信任，提高公司的透明度。但需注意，自愿披露的信息不得与依法披露的信息相冲突，不得误导投资者。

（4）强化外部监管和惩戒力度。证券监管机构应加强对上市公司信息披露的监管，对违法违规行为进行严厉打击。例如，根据《证券法》（2019年）第一百九十三条，对于编造、传播虚假信息或者误导性信息的行为，将没收违法所得并处以罚款，以确保市场的公平和公正。

（5）提升投资者教育和保护。加强投资者教育，提高投资者对信息披露的关注度和理解能力。同时，建立健全投资者保护机制，为投资者提供有效的维权途径，增强投资者对市场的信心。

综上所述，提高上市公司信息披露质量需要上市公司、监管机构、投资者等多方面的共同努力。通过严格遵守法律法规、完善内部制度、加强自愿性披露、强化外部监管和提升投资者教育等措施，可以有效提升上市公司信息披露的质量，促进资本市场的健康发展。

8.3 研究展望

虽然本书就董责险治理与公司债信用利差之间的关系，以及信用利差的大小对企业经营后果的影响进行了较为全面、系统的研究，但由于作者的能力、本书的主要研究范围以及篇幅所限，还有许多问题尚待进一步深入探讨。

第一，本书揭示了企业购买董责险后，公司债信用利差将会显著下降。然后，公司债信用利差以及融资成本的高低，反过来也可能影响公司对董责险的购买决策。也就是说，为了降低公司面临的信用利差水平，公司可能会相应地提高对董责险的购买意愿；相反，在较低的公司信用利差水平下，公司也有可能削弱董责险的购买规模。因此，董责险与公司债信用利差的这种交互影响也是未来需要进一步研究的问题。

第二，由于目前我国证监会以及交易所等监管部门并未强制要求上市公司披露董责险引入与否、具体保费金额、赔偿限额等相关信息，因此本书主要通过手工爬取整理得到上市公司董责险投保与否以及投保规模或保费的相关数据，手工搜集的数据的完整度会存在探讨性，所以会在一定程度上影响实证的准确性。进一步，本书主要使用是否购买董责险这一虚拟变量进行衡量。相比董责险投保规模或保费多少，无法准确刻画企业在投保期间隐含的诉讼风险，以及承保公司对投保企业公司治理水平的评估。随着上市公司信息披露制度的完善，特别是有关董责险相关信息的强制性披露措施的出台，以上问题将得到有效解决，未来的研究空间和丰富程度也将大大提升。

第三，本书的研究中并没有对公司债信用利差的来源进行具体区分。以后的研究可以通过适当的方法将公司债信用利差进行进一步区分，以进一步揭示董责险对不同原因下的公司债信用利差的不同影响。

第四，随着违约事件常态化和可研究样本的增加，从债券违约视角研究企业发生债券违约后，董责险对该企业所在行业发行的债券的信用利差的影响，以及企业发生债券违约后，是否会以及如何影响该省域内企业发行的债券的信用利差，这些问题还有待于今后继续深入研究。

参考文献

［1］卜君，孙光国．董事会秘书身份定位与职责履行：基于信息披露质量的经验证据［J］．会计研究，2018（12）：26 – 33．

［2］蔡春，谢柳芳，马可哪呐．高管审计背景、盈余管理与异常审计收费［J］．会计研究，2015（3）：72 – 78．

［3］蔡宁，梁丽珍．公司治理与财务舞弊关系的经验分析［J］．财经理论与实践，2003（11）：81 – 84．

［4］曹廷求，张光利．自愿性信息披露与股价崩盘风险：基于电话会议的研究［J］．经济研究，2020，55（11）：191 – 207．

［5］曾国安，苏诗琴，彭爽．企业杠杆行为与技术创新［J］．中国工业经济，2023（8）：155 – 173．

［6］曾颖，陆正飞．信息披露质量与股权融资成本［J］．经济研究，2006（2）：69 – 79．

［7］常启国，高挺．董事高管责任保险：机会主义还是监督效应？——基于 A 股上市公司的经验证据［J］．金融理论与实践，2018（7）：96 – 102．

［8］陈汉文，周中胜．内部控制质量与企业债务融资成本［J］．南开管理评论，2014，17（3）：103 – 111．

［9］陈华，崔锦枫，杨晓旭．董事高管责任保险与权益资本成本——基

于信息披露质量与高管风险偏好渠道 [J]. 财经理论与实践, 2023, 44 (6): 35 - 42.

[10] 陈继云. 会计透明度概念框架的构建 [J]. 财会月刊, 2007 (1): 54 - 56.

[11] 陈毛妮. 信用评级、产权性质与公司债定价 [J]. 财会通讯, 2018 (24): 88 - 90 + 101.

[12] 陈险峰, 胡珺, 胡国柳. 董事高管责任保险、权益资本成本与上市公司再融资能力 [J]. 财经理论与实践, 2014, 35 (1): 39 - 44 + 102.

[13] 陈晓, 陈淑燕. 股票交易量对年报信息的反应研究——来自上海、深圳股市的经验证据 [J]. 金融研究, 2001 (7): 98 - 105.

[14] 陈运森. 独立董事网络中心度与公司信息披露质量 [J]. 审计研究, 2012 (5): 92 - 100.

[15] 程文卫. 我国交易所上市企业主体债券利差的影响因素研究 [J]. 生产力研究, 2009 (8): 56 - 58 + 71.

[16] 程玉伟, 任颋. 货币政策对债券信用利差的异质性影响研究 [J]. 价格理论与实践, 2021 (5): 118 - 121 + 195.

[17] 仇晓光, 邱本. 论公司高管责任与对债权人利益的保护——以公司权力的规制为视角的分析 [J]. 社会科学战线, 2011 (12): 183 - 187.

[18] 崔伟, 陆正飞. 董事会规模独立性与会计信息透明度——来自中国资本市场的经验证据 [J]. 南开管理评论, 2008 (2): 22 - 28.

[19] 崔学刚. 公司治理机制对公司透明度的影响——来自中国上市公司的经验数据 [J]. 会计研究, 2004 (8): 20 - 22.

[20] 戴国强, 孙新宝. 我国企业债券信用利差宏观决定因素研究 [J]. 财经研究, 2011, 37 (12): 61 - 71.

[21] 丁晨霞. 信用评级对债券利差的影响分析——基于企业债和公司债视角 [J]. 上海管理科学, 2016, 38 (1): 81 - 85.

[22] 董锋, 韩立岩. 中国股市透明度提高对市场质量影响的实证分析

[J]. 经济研究, 2006 (5): 87 - 96.

[23] 杜兴强, 周泽将. 上市公司中期财务报告自愿审计的公司治理动因——基于深圳证券市场的经验证据 [J]. 上海立信会计学院学报, 2007 (2): 53 - 60.

[24] 方红星, 施继坤, 张广宝. 产权性质、信息质量与公司债定价——来自中国资本市场的经验证据 [J]. 金融研究, 2013 (4): 170 - 182.

[25] 方军雄, 秦璇. 高管履职风险缓释与企业创新决策的改善——基于董事高管责任保险制度的发现 [J]. 保险研究, 2018 (11): 54 - 70.

[26] 房蒙, 段希文. 我国短期融资券利差的宏观影响机制研究 [J]. 广西大学学报 (哲学社会科学版), 2013, 35 (2): 26 - 33.

[27] 冯来强, 孔祥婷, 曹慧娟. 董事高管责任保险与权益资本成本——来自信息质量渠道的实证研究证据 [J]. 会计研究, 2017 (11): 65 - 71 + 97.

[28] 高凤莲, 王志强. "董秘" 社会资本对信息披露质量的影响研究 [J]. 南开管理评论, 2015, 18 (4): 60 - 71.

[29] 高强, 伍利娜. 兼任董秘能提高信息披露质量吗?——对拟修订《上市规则》关于董秘任职资格新要求的实证检验 [J]. 会计研究, 2008 (1): 47 - 54.

[30] 关鑫, 柴晨洁, 高闯. 董责险对企业非效率投资的抑制机理——基于监督与信号传递效应的共同中介作用 [J]. 经济与管理研究, 2021, 42 (12): 93 - 112.

[31] 韩鹏飞, 胡奕明. 政府隐性担保一定能降低债券的融资成本吗?——关于国有企业和地方融资平台债券的实证研究 [J]. 金融研究, 2015 (3): 116 - 130.

[32] 郝照辉, 胡国柳. 董事高管责任保险、私有收益与公司并购行为的研究 [J]. 保险研究, 2014 (12): 78 - 89.

[33] 何平林, 孙雨龙, 宁静, 等. 高管特质、法治环境与信息披露质

量 [J]. 中国软科学, 2019 (10): 112 - 128.

[34] 何威风. 高管团队垂直对特征与企业盈余管理行为研究 [J]. 南开管理评论, 2015, 18 (1): 141 - 151.

[35] 何志刚, 邵莹. 流动性风险对我国公司债券信用利差的影响——基于次贷危机背景的研究 [J]. 会计与经济研究, 2012 (1): 21 - 26.

[36] 胡国柳, 常启国. 董事高管责任保险、党组织治理与企业内部控制缺陷 [J]. 中国软科学, 2022, 377 (5): 98 - 111.

[37] 胡国柳, 胡珺. 董事高管责任保险与公司绩效——基于中国 A 股上市公司的经验分析 [J]. 经济评论, 2014 (5): 136 - 147.

[38] 胡国柳, 胡珺. 董事高管责任保险与企业风险承担: 理论路径与经验证据 [J]. 会计研究, 2017 (5): 40 - 46.

[39] 胡国柳, 彭远怀. 董事高管责任保险与企业财务困境风险——基于 A 股上市公司的经验证据 [J]. 财经理论与实践, 2018, 39 (6): 75 - 82.

[40] 胡国柳, 彭远怀. 董事高管责任保险与企业债务成本——基于 A 股上市公司的经验证据 [J]. 金融经济学研究, 2017, 32 (6): 55 - 64.

[41] 胡国柳, 宛晴. 董事高管责任保险能否抑制股价崩盘风险——基于中国 A 股上市公司的经验数据 [J]. 财经理论与实践, 2015, 36 (6): 38 - 43.

[42] 胡国柳, 赵阳. 公司治理水平、董事高管责任保险与盈余管理 [J]. 财经理论与实践, 2017, 38 (2): 74 - 80.

[43] 胡国柳, 赵阳, 胡珺. D&O 保险、风险容忍与企业自主创新 [J]. 管理世界, 2019, 35 (8): 121 - 135.

[44] 黄娟娟, 肖珉. 信息披露、收益透明度与权益资本成本 [J]. 中国会计评论, 2006 (6): 69 - 84.

[45] 黄俊威, 龚光明. 融资融券制度与公司资本结构动态调整——基于 "准自然实验" 的经验证据 [J]. 管理世界, 2019, 35 (10): 64 - 81.

[46] 黄秀女, 钱乐乐. 信息披露质量与上市公司债务融资选择——基于

深交所信息披露考评数据的实证分析 [J]. 经济经纬, 2019, 36 (5): 158 - 164.

[47] 黄振, 郭晔. 央行担保品框架、债券信用利差与企业融资成本 [J]. 经济研究, 2021, 56 (1): 105 - 121.

[48] 贾莹丹, 张会芝, 林晚发. 董事高管责任保险促进了管理者保护债权人利益吗? ——来自债券限制性契约条款的经验证据 [J]. 中央财经大学学报, 2023 (12): 87 - 99.

[49] 江金锁. 政府管制、公司治理与会计信息披露 [J]. 财政研究, 2014 (3): 75 - 77.

[50] 姜涛, 王怀明. 大股东持股、治理环境与信息披露质量 [J]. 经济与管理研究, 2011 (8): 5 - 11.

[51] 赖黎, 唐芸茜, 夏晓兰, 等. 董事高管责任保险降低了企业风险吗? ——基于短贷长投和信贷获取的视角 [J]. 管理世界, 2019, 35 (10): 160 - 171.

[52] 类承曜, 徐泽林. 股东治理会影响债券信用利差吗? ——基于多个大股东的视角 [J]. 投资研究, 2020, 39 (12): 23 - 43.

[53] 李常青, 幸伟. 控股股东股权质押与上市公司信息披露 [J]. 统计研究, 2017, 34 (12): 75 - 86.

[54] 李春涛, 刘贝贝, 周鹏. 卖空与信息披露: 融券准自然实验的证据 [J]. 金融研究, 2017 (9): 130 - 145.

[55] 李从刚, 许荣. 董事高管责任保险、诉讼风险与自愿性信息披露——来自 A 股上市公司的经验证据 [J]. 山西财经大学学报, 2019, 41 (11): 112 - 126.

[56] 李海霞. CEO 权力、风险承担与公司成长性——基于我国上市公司的实证研究 [J]. 管理评论, 2017, 29 (10): 198 - 210.

[57] 李明毅, 惠晓峰. 上市公司信息披露与资本成本: 来自中国证券市场的经验证据 [J]. 管理学报, 2008, 5 (1): 88 - 95.

[58] 李晓慧，杨子萱．内部控制质量与债权人保护研究——基于债务契约特征的视角 [J]．审计与经济研究，2013，28（2）：97-105．

[59] 李永，王亚琳，邓伟伟．投资者情绪、异质性与公司债券信用利差 [J]．财贸研究，2018，29（3）：100-110．

[60] 李玉泉．《民法典》与保险人的说明义务 [J]．保险研究，2020（10）：98-104．

[61] 李志军，王善平．货币政策、信息披露质量与公司债务融资 [J]．会计研究，2011（10）：56-62+97．

[62] 林毅夫，沈艳，孙昂．中国政府消费券政策的经济效应 [J]．经济研究，2020，55（7）：4-20．

[63] 林长泉，毛新述，刘凯璇．董秘性别与信息披露质量——来自沪深 A 股市场的经验证据 [J]．金融研究，2016（9）：193-206．

[64] 凌士显，白锐锋．董事高管责任保险的公司治理作用——基于双重代理成本的视角 [J]．财贸经济，2017，38（12）：95-110．

[65] 刘宝华，罗宏，周微．股权激励行权限制与盈余管理优序选择 [J]．管理世界，2016（11）：141-155．

[66] 刘斌，付景涛，胡国柳．董事高管责任保险、产权与内部控制构建 [J]．科研管理，2021，42（7）：171-178．

[67] 刘博，孟娜娜．宏观视角下的信用利差影响因素研究 [J]．区域金融研究，2018（2）：9-13．

[68] 刘欢，李志生，孔东民．机构持股与上市公司信息披露质量——基于主动型和被动型基金影响差异的视角 [J]．系统工程理论与实践，2020，40（6）：1520-1532．

[69] 刘若鸿，黄玖立．地方产业政策与债券融资成本 [J]．中国工业经济，2023（6）：118-136．

[70] 鲁清仿，杨雪晴．管理层能力对信息披露质量的影响研究 [J]．科研管理，2020，41（7）：210-220．

[71] 陆正飞，何捷，窦欢. 谁更过度负债：国有还是非国有企业？[J]. 经济研究，2015，50（12）：54-67.

[72] 吕长江，严明珠，郑慧莲. 为什么上市公司选择股权激励计划？[J]. 会计研究，2011（1）：68-75.

[73] 马改云. 企业破产机制、企业融资决策与最优资本结构选择——基于数值模拟的研究[J]. 工业技术经济，2010，29（8）：94-97.

[74] 麦根华. 我国经济周期对信用利差影响简析——以 A 股公司债为例[J]. 新经济，2016（6）：13-16.

[75] 米建华，龙艳. 上市公司信息披露在竞争中的溢出效应研究[J]. 武汉理工大学学报（信息与管理工程版），2007，29（10）：94-97.

[76] 米建华，郑忠良，殷林森. 基于 Hotelling 模型的上市公司信息披露在竞争中的溢出效应研究[J]. 管理评论，2008，20（6）：44-49.

[77] 彭韶兵，王玉，唐嘉尉. 董事高管责任保险与投资效率——基于合同条款的实证检验[J]. 保险研究，2018（3）：76-90.

[78] 秦荣生. 审计失败的成因及规避[J]. 审计研究，2002（1）：11-16.

[79] 权小锋，吴世农. CEO 权力强度、信息披露质量与公司业绩的波动性——基于深交所上市公司的实证研究[J]. 南开管理评论，2010，13（4）：142-153.

[80] 任兆璋，李鹏. 流动性风险对可违约债券信用利差期限结构的影响[J]. 系统工程理论方法应用，2006（3）：13-21.

[81] 阮青松，刘梦莎，魏效坤. 董事高管责任保险与债券信用利差——基于风险冲击视角[J]. 金融经济学研究，2022，37（4）：65-79.

[82] 阮睿，孙宇辰，唐悦，等. 资本市场开放能否提高企业信息披露质量？——基于"沪港通"和年报文本挖掘的分析[J]. 金融研究，2021（2）：188-206.

[83] 申景奇，伊志宏. 产品市场竞争与机构投资者的治理效应——基

于盈余管理的视角 [J]. 山西财经大学学报, 2010, 32 (11): 50-59.

[84] 沈红梅. 沪市上市公司自愿性信息披露与公司特质相互关系的实证研究 [D]. 杭州: 浙江大学, 2003.

[85] 宋一欣, 孙宏涛. 董事责任保险与投资者权益保护 [M]. 北京: 法律出版社, 2016.

[86] 孙克. 企业债信用价差动态过程的影响因素研究 [J]. 证券市场导报, 2010 (7): 24-31.

[87] 谭劲松, 林雨晨. 机构投资者对信息披露的治理效应——基于机构调研行为的证据 [J]. 南开管理评论, 2016, 19 (5): 115-126+138.

[88] 万良勇, 查媛媛, 饶静. 实体企业金融化与企业创新产出——有调节的中介效应 [J]. 会计研究, 2020, 397 (11): 98-111.

[89] 王安兴, 解文增, 余文龙. 中国公司债利差的构成及影响因素实证分析 [J]. 管理科学学报, 2012, 15 (5): 32-41.

[90] 王斌, 梁欣欣. 公司治理、财务状况与信息披露质量——来自深交所的经验数据 [J]. 会计研究, 2008 (3): 31-38.

[91] 王博森, 施丹. 市场特征下会计信息对债券定价的作用研究 [J]. 会计研究, 2014 (4): 19-26.

[92] 王丹, 李丹, 李欢. 客户集中度与企业投资效率 [J]. 会计研究, 2020 (1): 110-125.

[93] 王嘉鑫, 汪芸倩, 张龙平. 利率管制松绑、企业会计信息披露质量与融资约束 [J]. 经济管理, 2020, 42 (4): 139-157.

[94] 王俊秋, 张奇峰. 终极控制权、现金流量权与盈余信息含量——来自家族上市公司的经验证据 [J]. 经济与管理研究, 2007 (12): 10-16.

[95] 王岚, 顾海荣. 董事高管责任保险能提高会计信息披露质量吗？——基于内部控制和代理成本的视角 [J]. 金融与经济, 2022 (9): 41-51.

[96] 王晓彦, 方胜, 胡德宝. 中国公司债价差的影响因素分析 [J]. 金

融理论探索，2017（2）：3 - 9.

[97] 王雄元，高开娟. 客户关系与企业成本粘性：敲竹杠还是合作[J]. 南开管理评论，2017，20（1）：132 - 142.

[98] 王雄元，欧阳才越，史震阳. 股权质押、控制权转移风险与税收规避[J]. 经济研究，2018（1）：138 - 152.

[99] 王雄元，沈维成. 公司控制结构对信息披露质量影响的实证研究[J]. 中南财经政法大学学报，2008（3）：44 - 50.

[100] 王菅，曹廷求. 董事网络与融资约束：信息效应和资源效应[J]. 中南财经政法大学学报，2017（1）：83 - 93.

[101] 王永钦，吴娴. 中国创新型货币政策如何发挥作用：抵押品渠道[J]. 经济研究，2019，54（12）：86 - 101.

[102] 王咏梅. 上市公司财务信息自愿披露指数实证研究[J]. 证券市场导报，2003（9）：45 - 49.

[103] 王宇. 我国企业债信用利差宏观影响因素实证检验[J]. 债券，2013（11）：38 - 42.

[104] 王禹，陆嘉玮，赵洵. 债券市场参与者认可董事高管责任保险吗——基于公司债券发行定价的经验证据[J]. 会计研究，2023（1）：35 - 148.

[105] 王跃堂，朱林，陈世敏. 董事会独立性、股权制衡与财务信息质量[J]. 会计研究，2008（1）：55 - 62 + 96.

[106] 魏志华，李常青. 家族控制、法律环境与上市公司信息披露质量——来自深圳证券交易所的证据[J]. 经济与管理研究，2009（8）：95 - 103.

[107] 温忠麟，张雷，侯杰泰，等. 中介效应检验程序及其应用[J]. 心理学报，2004（5）：614 - 620.

[108] 文雯. 董事高管责任保险与企业风险承担[J]. 山西财经大学学报，2017，39（8）：101 - 112.

[109] 吴红军，刘啟仁，吴世农．公司环保信息披露与融资约束 [J]．世界经济，2017，40（5）：124 – 147.

[110] 吴蕾，苏畅．我国信用债评级的信息含量研究 [J]．浙江金融，2018（3）：11 – 21.

[111] 吴涛，文梦悦，贺立龙．公司债市场信用违约风险的传染效应与控制机理 [J]．金融论坛，2021，26（9）：26 – 35 + 69.

[112] 吴文锋，吴冲锋，芮萌．提高信息披露质量真的能降低股权资本成本吗？[J]．经济学（季刊），2007（4）：1201 – 1216.

[113] 吴锡皓，程逸力．高管权力、董事高管责任保险与财务重述 [J]．保险研究，2017（9）：75 – 85.

[114] 吴勇，李倩，朱卫东．董事责任保险能否提升公司价值？——基于公司治理视角的研究 [J]．中国管理科学，2018，26（4）：188 – 196.

[115] 吴战篪，乔楠，余杰．信息披露质量与股票市场流动性——来自中国股市的经验证据 [J]．经济经纬，2008（1）：138 – 141.

[116] 肖小虹，潘也．董事高管责任保险与企业绿色创新：激励工具还是自利手段？[J]．科技进步与对策，2022，39（13）：1 – 10.

[117] 肖作平，廖理．大股东、债权人保护和公司债务期限结构选择——来自中国上市公司的经验证据 [J]．管理世界，2007（10）：99 – 113.

[118] 邢会强．信息不对称的法律规制——民商法与经济法的视角 [J]．法制与社会发展，2013，19（2）：112 – 119.

[119] 熊莉．独立董事特征与上市公司信息披露质量 [J]．商场现代化，2007（15）：253 – 254.

[120] 徐继华，韩斯玥．信用评级与公司信用债券定价 [J]．浙江金融，2016（3）：37 – 45.

[121] 徐良果，王勇军．信息披露质量、资产抵押能力与投资效率 [J]．现代营销（下旬刊），2019（2）：61 – 63.

[122] 徐思，潘昕彤，林晚发．"一带一路"倡议与公司债信用利差

[J]．金融研究，2022（2）：135－152．

[123] 许罡，伍文中．公司金融化投资之谜：盈余管理抑或金融套利？[J]．证券市场导报，2018（8）：20－28．

[124] 许荣，王杰．董事责任保险与公司治理机制的互动影响研究——来自中国 A 股上市公司的证据 [J]．保险研究，2012（3）：68－78．

[125] 阎金鄂，李妹．会计信息披露、股票价格变动及资本市场效率之关系研究 [J]．财会月刊，2000（2）：127－134．

[126] 晏艳阳，刘鹏飞．宏观因素、公司特性与信用利差 [J]．现代财经（天津财经大学学报），2014，34（10）：70－79＋95．

[127] 晏艳阳，刘弢，彭敏．信息披露质量对股权融资成本的影响分析 [J]．证券市场导报，2008（4）：23－33．

[128] 杨丹．董监高机构治理水平与深交所信息披露考核结果 [J]．商业会计，2017（20）：99－101．

[129] 杨国超，蒋安璇．债券投资者的"保护盾"还是债务违约的"多米诺"——对债券交叉违约制度的分析 [J]．中国工业经济，2022（5）：140－158．

[130] 杨之曙，彭倩．中国上市公司收益透明度实证研究 [J]，会计研究，2004（11）：62－70．

[131] 杨志强，袁梦，张雨婷．企业研发创新与债券信用利差——基于信号传递理论的分析 [J]．上海财经大学学报，2021，23（1）：42－60．

[132] 伊志宏，姜付秀，秦义虎．产品市场竞争、公司治理与信息披露质量 [J]．管理世界，2010（1）：133－141．

[133] 于静霞，周林．货币政策、宏观经济对公司债券信用利差的影响研究 [J]．财政研究，2015（5）：50－56．

[134] 余玉苗，王植．高质量审计师与家族企业债券信用利差 [J]．南京审计大学学报，2022，19（6）：1－10．

[135] 袁蓉丽，李瑞敬，李百兴．董事高管责任保险与审计费用 [J]．

审计研究，2018（2）：55－63.

[136] 袁蓉丽，文雯，谢志华. 董事高管责任保险和财务报表重述 [J].会计研究，2018（5）：21－27.

[137] 张程睿. 内部人动机、公司治理与信息披露质量——基于对深圳上市公司的实证分析 [J]. 经济与管理研究，2010（5）：10－18.

[138] 张程睿，王华. 公司信息透明度的市场效应——来自中国 A 股市场的经验证据 [C]//中国会计评论理事会. 中国第四届实证会计国际研讨会会议论文集. 上海：复旦大学，2005.

[139] 张程睿. 中国上市公司信息透明度研究 [D]. 广州：暨南大学，2006.

[140] 张戡，李飞鹏. 财务信息、市场信息与公司债券信用利差 [J].财务与金融，2018（5）：35－41.

[141] 张人方. 董事高管责任险、薪酬替代与企业绩效——基于国有企业"限薪令"的准自然实验 [J]. 上海财经大学学报，2021，23（3）：107－121.

[142] 张瑞纲，潘玥. 董事高管责任保险、企业盈利能力与债务成本 [J]. 金融理论与实践，2022（7）：98－107.

[143] 张十根. 董事高管责任保险、管理层过度自信与企业"脱实向虚" [J]. 现代商业，2022（30）：109－112.

[144] 张淑君. 论信用等级对债券利差的解释作用 [J]. 现代财经（天津财经大学学报），2013（1）：71－79.

[145] 张顺杰，吴晶晶，宁鑫. 企业购入董事高管责任保险提升了企业价值吗？——基于财务柔性的调节效应 [J]. 河南科技大学学报（社会科学版），2021，39（6）：54－60.

[146] 张为国，王霞. 中国上市公司会计差错的动因分析 [J]. 会计研究，2004（4）：24－29.

[147] 张亚洲. 内部控制有效性、融资约束与企业价值 [J]. 财经问题

研究, 2020 (11): 109 - 117.

[148] 张振新, 杜光文, 王振山. 监事会、董事会特征与信息披露质量 [J]. 财经问题研究, 2011 (10): 60 - 67.

[149] 张宗新, 杨飞, 袁庆海. 上市公司信息披露质量提升能否改进公司绩效? ——基于 2002 - 2005 年深市上市公司的经验证据 [J]. 会计研究, 2007 (10): 16 - 23.

[150] 张宗新, 朱伟骅. 信息透明度能否提升公司价值? [J]. 南方经济, 2007 (7): 47 - 59.

[151] 张宗新, 王晓. 上海国际金融中心证券业竞争力评价指标体系的构建与提升 [J]. 社会科学, 2009 (8): 38 - 44.

[152] 赵静, 方兆本. 中国公司债信用利差决定因素——基于结构化理论的实证研究 [J]. 管理科学与工程, 2011 (11): 138 - 148.

[153] 赵亮, 余粤. 信用利差与利率关系 [J]. 金融市场研究, 2012 (7): 131 - 139.

[154] 赵杨, Hu John. 董事及高管责任保险: 激励还是自利? 基于中国上市公司的实证检验 [J]. 中国软科学, 2014 (9): 147 - 164.

[155] 赵银寅, 田存志. 我国企业债券信用利差的宏观影响因素分析 [J]. 商业时代, 2010 (34): 64 - 66.

[156] 甄红线, 王三法, 王晓洪. 公司债特殊条款、债券评级与会计稳健性 [J]. 会计研究, 2019 (10): 42 - 49.

[157] 郑志刚, 许荣, 徐向江, 等. 公司章程条款的设立、法律对投资者权力保护和公司治理——基于我国 A 股上市公司的证据 [J]. 管理世界, 2011 (7): 141 - 153 + 187 - 188.

[158] 周宏, 建蕾, 李国平. 企业社会责任与债券信用利差关系及其影响机制——基于沪深上市公司的实证研究 [J]. 会计研究, 2016 (5): 18 - 25.

[159] 周宏, 林晚发, 李国平. 现金持有的内生性与企业债券信用利差

[J]. 统计研究, 2015, 32 (6): 90 - 98.

[160] 周宏, 林晚发, 李国平. 信息不确定、信息不对称与债券信用利差 [J]. 统计研究, 2014, 31 (5): 66 - 72.

[161] 周宏, 林晚发, 李国平, 等. 信息不对称与企业债券信用风险估价——基于 2008 - 2011 年中国企业债券数据 [J]. 会计研究, 2012 (12): 36 - 42.

[162] 周宏, 徐兆铭, 彭丽华, 等. 宏观经济不确定性对中国企业债券信用风险的影响——基于 2007 - 2009 年月度面板数据 [J]. 会计研究, 2011 (12): 43 - 47 + 99.

[163] 周宏, 周畅, 林晚发, 等. 公司治理与企业债券信用利差——基于中国公司债券 2008 - 2016 年的经验证据 [J]. 会计研究, 2018 (5): 59 - 66.

[164] 周开国, 李涛, 张燕. 董事会秘书与信息披露质量 [J]. 金融研究, 2011 (7): 167 - 181.

[165] 周荣喜, 王迪. 我国企业债券信用价差宏观影响因素建模与实证 [J]. 金融理论与实践, 2013 (6): 74 - 78.

[166] 周荣喜, 熊亚辉, 李洋光, 等. 基于 DNS 模型的我国公司债信用利差预测 [J]. 北京化工大学学报 (自然科学版), 2019, 46 (6): 78 - 84.

[167] Baik B. , Kim J. M. , Kim K. , et al.. Hedge Fund Ownership and Voluntary Disclosure [J]. Review of Quantitative Finance and Accounting, 2020, 54 (3): 877 - 910.

[168] Baker T. , Griffith S. J.. The Missing Monitor in Corporate Governance: the Directors' and Officers' Liability Insurer [J]. Georgetown Law Journal, 2007 (95): 1795 - 1841.

[169] Baker T. , Grifith S. U.. Predicting Corporate Governance Risk: Evidence From the Directors' and Officers' Liability Insurance Market [J]. University of Chicago Law Review, 2007, 74 (2): 487 - 544.

［170］ Beasely M. S.. An Empirical Analysis of the Relation Between the Board of Director Composition and Financial Statement Fraud ［J］. The Accounting Review, 1996, 71 （4）: 443 – 465.

［171］ Bertrand M., Schoar A.. Managing with Style: The Effect of Managers on Firm Policies ［J］. Quarterly Journal of Economics, 2003, 118 （4）: 1169 – 1208.

［172］ Bhattacharya U., Daouk H., Welker M.. The World Price of Earnings Opacity ［J］. The Accounting Review, 2003, 78 （3）: 641 – 678.

［173］ Bhattacharya, R.. Firm Characteristics and Analyst Following ［J］. Journal of Accounting and Economics, 1989, 11 （7）: 255 – 274.

［174］ Bolton Patrick, Kacperczyk Marcin. Do Investors Care About Carbon Risk? ［J］. Journal of Financial Economics, 2021, 142 （2）: 517 – 549.

［175］ Botosan C. A.. Disclosare Level and the Cost of Equity Capital ［J］. The Accounting Review, 1997, 72 （3）: 323 – 349.

［176］ Botosan C. A., Plumlee M. A.. A Re – Examination of Disclosure Level and the Expected Cost of Equity Capital ［J］. Journal of Accounting Research, 2002, 40 （1）: 21 – 40.

［177］ Boubakri N., Ghalleb N.. Does Mandatory Disclosure of Directors' and Officers' Liability Insurance Curb Managerial Opportunism? Evidence From the Canadian Secondary Market ［R］. Hec Montreal and King Fahad University, Working Paper, 2008.

［178］ Boyer M. M., Stern L. H.. D&O Insurance and IPO Performance: What Can We Learn From Insurers ［J］. Journal of Financial Intermediation, 2014, 23 （4）: 504 – 540.

［179］ Boyer M. M., Stern L. H.. Is Corporate Governance Risk Valued? Evidence From Directors' and Officers' Liability Insurance Market ［J］. University of Chicago Law Review, 2012, 74 （1）: 1 – 58.

[180] Bushman R. , Smith A. . Transparency, Financial Accounting Information, and Corporate Governance [J]. Economic Policy Review, 2003 (9): 65 – 87.

[181] Bushman R. M. , Smith A. J. . Financial Accounting Information and Corporate Governance [J]. Journal of Accounting and Economics, 2001 (32): 237 –333.

[182] Cavallo E. A. , Valenzuela P. . The Determinants of Corporate Risk in Emerging Markets: An Option – Adjusted Spread Analysis [J]. International Journal of Finance and Economics, 2010 (15): 59 –74.

[183] Chalmers J. M. R. , Dann L. Y. , Harford J. . Managerial Opportunism? Evidence From Directors' and Officers' Insurance Purchases [J]. Journal of Finance, 2002, 57 (2): 609 –636.

[184] Chen Long, Pierre Collin – Dufresne, Robert S. . Goldstein. On the Relation Between the Credit Spread Puzzle and the Equity Premium Puzzle [J]. The Review of Financial Studies, 2009, 22 (9): 3367 –3409.

[185] Chen Z. , Li O. Z. , Zou H. . Directors' and Officers' Liability Insurance and the Cost of Equity [J]. Journal of Accounting and Economics, 2016, 61 (1): 100 –120.

[186] Chtourou S. M. , Bedard J. , Courteau L. . Corporate Governance and Earnings Management [R]. Working Paper, 2001.

[187] Chung H. H. , Wynn J. P. . Managerial Legal Liability Coverage and Earnings Conservatism [J]. Journal of Accounting and Economics, 2008 (46): 135 –153.

[188] Coffee Jr. . Racing Towards the Top: The Impact of Cross – Listings and Stock Market Competition on International Corporate Governance [J]. Columbia Law Review, 2002 (102): 1757 –1831.

[189] Core J. E. . On The Corporate Demand for Directors' and Officers' Insur-

ance [J]. Journal of Risk and Insurance, 1997, 64 (1): 63 – 68.

[190] Core J. E.. The Directors' and Officers' Insurance Premium: An Outside Assessment of the Quality of Corporate Governance [J]. Journal of Law, Economics & Organization, 2000 (16): 449 – 477.

[191] Dalton, Daily, Johnson, et al.. Number of Directors and Financial Performance: A Meta – Analysis [J]. Academy of Management Journal, 1999, 42 (6): 674 – 686.

[192] Darrough M. N.. Disclosure Policy and Competition: Cournot vs Bertrand [J]. Accounting Review, 1993, 68 (3): 534 – 561.

[193] D'Augusta C., Bar – Yosef S., Prencipe A.. The Effects of Conservative Reporting on Investor Disagreement [J]. European Accounting Review, 2016, 25 (3): 451 – 485.

[194] Dbouk W., Kryzanowski L.. Determinants of Credit Spread Changes for the Financial Sector [J]. Studies In Economics and Finance, 2010, 27 (1): 61 – 82.

[195] Delianedis G., Geske R.. The Components of Corporate Credit Spreads: Default, Recovery, Tax, Jumps, Liquidity, and Market Factors [J]. The Finance, 2001, 12 (1): 1 – 39.

[196] Dhaliwal D., Judd J. S., Serfling M., et al.. Customer Concentration Risk and the Cost of Equity Capital [J]. Journal of Accounting and Economics, 2016, 61 (1): 23 – 48.

[197] Diamond D. W., Verrecchia R. E.. Disclosure, Liquidity and The Cost of Capital [J]. The Journal of Finance, 1991, 46 (4): 1325 – 1359.

[198] Dicko S., Khemakhem H., Zogning F.. Political Connections and Voluntary Disclosure: The Case of Canadian Listed Companies [J]. Journal of Management and Governance, 2020, 24 (2): 481 – 506.

[199] Driessen J.. Is Default Event Risk Priced in Corporate Bonds? [J].

The Review of Financial Studies, 2005, 18 (1): 165 – 195.

[200] Duffie D. , Lando D. . Term Structures of Credit Spreads with Incomplete Accounting Information [J]. Econometrica, 2001, 69 (3): 633 – 664.

[201] Duffie D. , Singleton K. J. . Credit Risk: Pricing, Measurement, and Management [M]. Princeton, N. J. : Princeton University Press, 2003.

[202] Edwards, A. K. , Harris, L. E. , Piwowar, M. S. . Corporate Bond Market Transaction Costs and Transparency [J]. The Journal of Finance, 2007, 62 (3): 1421 – 1451.

[203] Eisenberg T. , Sundgren S. , Wells M. . Larger Board Size and Decreasing Firm Value in Small Firm [J]. Journal of Financial Economics, 1998 (48): 35 – 54.

[204] Eng L. L. , Makb Y. T. . Corporate Governance and Voluntary Disclosure [J]. Journal of Accounting Public Policy, 2003, 22 (4): 325 – 345.

[205] Ericsson J. , Jacobs K. , Oviedo R. . The Determinants of Credit Default Swap Premia [J]. Social Science Electronic Publishing, 2009, 44 (1): 109 – 132.

[206] Fan Yu. . Accounting Transparency and the Term Structure of Credit Spreads [J]. Journal of Financial Economics, 2005, 750 (1): 53 – 84.

[207] Flammer C. . Does Corporate Social Responsibility Lead to Superior Financial Performance? A Regression Discontinuity Approach [J]. Social Science Electronic, 2016 (11): 2549 – 2568.

[208] Fons J. S. . Using Default Rates to Model The Term Structure of Credit Risk [J]. Financial Analysts Journal, 1994, 50 (5): 25 – 32.

[209] Forker J. J. . Corporate Governance and Disclosure Quality [J]. Accounting and Business Research, 1992, 22 (86): 111 – 124.

[210] Francis J. , Lafond R. , Olsson P. , et al. . The Market Pricing of Accruals Quality [J]. Journal of Accounting and Economics, 2005, 39 (2): 295 –

327.

　[211] Francis J. , La Fond R. , Olsson P. M. , et al. . Cost of Equity and Earnings Attributes [J]. The Accounting Review, 2004, 79 (4): 967 – 1010.

　[212] French K. R. , Roll R. . Stock Return Variances: The Arrival of Information and The Reaction of Traders [J]. Journal of Financial Economics, 1986 (17): 5 – 26.

　[213] Gelb D. , Zarowin P. . Corporate Disclosure Policy and the Informativeness of Stock Prices [R]. Working Paper, New York University, 2000.

　[214] Gillan S. L. , Panasian C. A. . On Lawsuit, Corporate Governance and Directors' and Officers' Liability Insurance [J]. Journal of Risk and Insurance, 2015, 82 (4): 793 – 822.

　[215] Gompers P. , Ishii J. , Metrick A. . Corporate Governance and Equity Prices [J]. Quarterly Journal of Economics, 2003, 118 (1): 107 – 155.

　[216] Hail L. . The Impact of Voluntary Corporate Disclosures on the Ex – Ante Cost of Capital for Swiss Firms [J]. European Accounting Review, 2002, 11 (4): 741 – 773.

　[217] Harris M. S. . The Association Between Competition and Managers' Business Segment Reporting Decisions [J]. Journal of Accounting Research, 1998, 36 (1): 111 – 128.

　[218] He Z. , Xiong W. . Rollover Risk and Credit Risk [J]. The Journal of Finance, 2012 (67): 391 – 430.

　[219] Healy P. M. , Palepu K. . Information Asymmetry, Corporate Disclosure and The Capital Markets: A Review of the Empirical Disclosure Literature [J]. Journal of Accounting and Economics, 2001 (31): 405 – 440.

　[220] Heflin F. , Subramanyam K. R. , Zhang Y. . Regulation FD and the Financial Information Environment [J]. The Accounting Review, 2003 (78): 1 – 37.

［221］Holderness C. G.. Liability Insurers as Corporate Monitors ［J］. International Review of Law and Economics, 1990（10）: 115 – 129.

［222］Hong B., Li Z. C., Minor D.. Corporate Governance and Executive Compensation for Corporate Social Responsibility ［J］. J Bus Ethics, 2016, 136（1）: 199 – 213.

［223］Jensen M. C.. The Modern Industrial Revolution, Exit, and the Failure of Internal Control Systems ［J］. The Journal of Finance, 1993, 48（3）: 831 – 880.

［224］Jiang G., Lee C. M. C., Yue H.. Tunneling through Intercorporate Loans: The China Experience ［J］. Journal of Financial Economics, 2010, 98（1）: 1 – 20.

［225］Jiraporn P., Liu Y. X.. Capital Structure, Staggered Boards, and Firm Value ［J］. Financial Analysis Journal, 2008, 64（1）: 49 – 60.

［226］Kevin C. W. Chen. Board Compositions, Regulatory Regime, and Voluntary Disclosure ［J］. International Journal of Accounting, 2006, 41（3）: 290 – 292.

［227］Kim O., Verrecchia R. E.. Trading Volume and Rice Reactions to Public Announcements ［J］. Journal of Accounting Research, 1991, 29（9）: 302 – 321.

［228］Kim J. W., Shi Y.. Voluntary Disclosure and the Cost of Equity Capital: Evidence from Management Earnings Forecasts ［J］. Journal of Accounting & Public Policy, 2011, 30（4）: 348 – 366.

［229］Kisgen D. J.. Credit Ratings and Capital Structure ［J］. Journal of Finance, 2006, 61（3）: 1035 – 1072.

［230］Lambert R., Leuz C., Verrecchia R. E.. Accounting Information, Disclosure, and the Cost of Capital ［J］. Journal of Accounting Research, 2007, 45（2）: 385 – 420.

［231］ Lang M. , Lundholm R. . Voluntary Disclosure and Equity Offerings: Reducing Information Asymmetry or Hyping the Stock? ［J］. Contemporary Accounting Research, 2000, 17 （4）: 623 – 662.

［232］ Larry, L. D. , Paul H. M. , Stephan. . Earnings Management, Stock Issues and Shareholder Lawsuits ［J］. Journal of Financial Economics, 2004, 71 （1）: 27 – 49.

［233］ Leuz C. , Verrecchia R. . The Economic Consequences of Increased Disclosure ［J］. Journal of Accounting Research, 2000 （38）: 91 – 124.

［234］ Li J. T. , Tang Y. . CEO Hubris and Firm Risk Taking in China: The Moderating Role of Managerial Discretion ［J］. Academy of Management Journal, 2010, 53 （1）: 45 – 68.

［235］ Li K. , Liu T. , Wu J. . Vote Avoidance and Shareholder Voting in Mergers and Acquisitions ［J］. Review of Financial Studies, 2018, 31 （8）: 3175 – 3211.

［236］ Lin C. , Officer M. S. , Wang R. et al. . Directors' and Officers' Liability Insurance and Loan Spreads ［J］. Journal of Financial Economics, 2013 （110）: 37 – 60.

［237］ Lin C. , Officer M. S. , Zou H. . Directors' and Officers' Liability Insurance and Acquisition Outcomes ［J］. Journal of Financial Economics, 2011 （3）: 507 – 525.

［238］ Lin F. Y. , Guan L. M. , Ho C. L. , et al. . Examining the D&O Insurance Effect on Managerial Ability ［J］. Finance Research Letters, 2022 （46）: 102 – 297.

［239］ Lipton, M. , Lorsch J. W. . A Modest Proposal for Improved Corporate Governance ［J］. Business Lawyer, 1922 （48）: 59 – 77.

［240］ Longstaff F. A. , Schwartz A. E. S. . A Simple Approach to Valuing Risky Fixed and Floating Rate Debt ［J］. The Journal of Finance, 1995, 50 （3）:

789 – 821.

[241] Lu C. W. , Chen T. K. . Information Uncertainty, Information Asymmetry and Corporate Bond Yield Spreads [J]. Journal of Banking & Finance, 2010, 32 (6): 76 – 89.

[242] Mayers D. , Smith C. W. . On the Corporate Demand for Insurance [J]. Journal of Business, 1982, 55 (2): 281 – 296.

[243] Meek G. K. , Roberts C. B. , Gray S. J. . Factors Influencing Voluntary Annual Report Disclosures by US, UK and Continental European Multinational Corporations [J]. Journal of International Business Studies, 1995 (8): 555 – 572.

[244] Minton B. A. , Schrand C. . The Impact of Cash Flow Volatility on Discretionary Investment and The Costs of Debt and Equity Financing [J]. Journal of Financial Economics, 1999 (54): 423 – 460.

[245] O'Sullivan N. . The Demand for Directors' and Officers' Insurance by Large UK Companies [J]. European Management Journal, 2002, 20 (5): 574 – 583.

[246] O'Sullivan N. . Insuring the Agents: The Role of Directors' and Officers' Insurance in Corporate Governance [J]. Journal of Risk and Insurance, 1997, 64 (3): 545 – 556.

[247] Patel S. , Balic A. , Bwakira L. . Measuring Transparency and Disclosure at Firm – Level in Emerging Markets [J]. Emerging Markets Review, 2002 (3): 325 – 347.

[248] Priest G. L. . The Current Insurance Crisis and Modern Tort Law [J]. The Yale Law Journal, 1987, 96 (7): 1521 – 1590.

[249] Senguptat P. . Corporate Disclosure Equity and the Cost of Debt [J]. The Accounting Review, 1998 (3): 459 – 474.

[250] Tang D. Y. , Yan H. . Market Conditions, Default Risk and Credit

Spreads [J]. Journal of Banking & Finance, 2010, 34 (4): 743 – 753.

[251] Wang J. L. , Zhang J. , Huang H. Y. , et al. . Directors' and Officers' Liability Insurance and Firm Innovation [J]. Economic Modelling, 2020 (89): 414 – 426.

[252] Wang Y. , Chen C. W. . Directors' and Officers' Liability Insurance and the Sensitivity of Directors' Compensation to Firm Performance [J]. International Review of Economics and Finance, 2016, 45 (2): 286 – 297.

[253] Ward D. , Zurbruegg R. . Does Insurance Promote Economic Growth? Evidence from OECD Countries [J]. Journal of Risk and Insurance, 2000, 67 (4): 489 – 506.

[254] Warfield T. D. , Wild J. J. , Wild K. L. . Managerial Ownership, Accounting Choices, and Informativeness of Earnings [J]. Journal of Accounting and Economics, 1995, 20 (1): 61 – 91.

[255] Weng T. C. , Chen G. Z. , Chi H. Y. . Effects of Directors and Officers Liability Insurance on Accounting Restatements [J]. International Review of Economics and Finance, 2017, 49 (3): 437 – 452.

[256] Wu Z. Y. , Li Y. S. , Ding S. J. , et al. . A Separate Monitoring Organ and Disclosure of Firm – Specific Information [J]. The European Journal of Finance, 2016, 22 (4): 371 – 392.

[257] Zhao X. , Xu N. N. , Management S. O. , et al. . Element Analysis of Management's Internal Control Deficiencies Disclosure Activity – Based on the View of the Motivated Selectivity in the Internal Control Information Disclosure [J]. Economic Survey, 2014, 31 (3): 85 – 89.

[258] Yuan R. L. , Sun J. , Cao F. . Directors' and Officers' Liability Insurance and Stock Price Crash Risk [J]. Journal of Corporate Finance, 2016 (37): 173 – 192.

[259] Zou H. . Hedging Affecting Firm Value Via Financing and Investment:

Evidence from Property Insurance Use [J]. Financial Management, 2010, 39 (3): 965 – 995.

[260] Zou H. , Adams M. B. . Debt Capacity, Cost of Debt and Corporate Insurance [J]. Journal of Financial and Quantitative Analysis, 2008 (2): 433 – 466.